Tucholsky Wagner Zola Scott Sydow Freud Schlegel
Turgenev Wallace Fonatne

Twain Walther von der Vogelweide Fouqué Friedrich II. von Preußen
Weber Freiligrath Frey
Kant Ernst
Fechner Fichte Weiße Rose von Fallersleben Richthofen Frommel
Hölderlin
Engels Fielding Eichendorff Tacitus Dumas
Fehrs Faber Flaubert
Eliasberg Ebner Eschenbach
Feuerbach Maximilian I. von Habsburg Fock Eliot Zweig
Ewald Vergil
Goethe Elisabeth von Österreich London
Mendelssohn Balzac Shakespeare
Lichtenberg Rathenau Dostojewski Ganghofer
Trackl Stevenson Doyle Gjellerup
Mommsen Tolstoi Hambruch
Thoma Lenz Hanrieder Droste-Hülshoff
Dach Verne von Arnim Hägele Hauff Humboldt
Reuter Rousseau Hagen Hauptmann
Karrillon Garschin Gautier
Defoe Baudelaire
Damaschke Descartes Hebbel
Hegel Kussmaul Herder
Wolfram von Eschenbach Dickens Schopenhauer
Darwin Melville Grimm Jerome Rilke George
Bronner Bebel Proust
Campe Horváth Aristoteles
Bismarck Vigny Barlach Voltaire Federer Herodot
Gengenbach Heine
Storm Casanova Tersteegen Gilm Grillparzer Georgy
Chamberlain Lessing Langbein Gryphius
Brentano Lafontaine
Strachwitz Claudius Schiller Kralik Iffland Sokrates
Bellamy Schilling
Katharina II. von Rußland Gerstäcker Raabe Gibbon Tschechow
Löns Hesse Hoffmann Gogol Wilde Gleim Vulpius
Luther Heym Hofmannsthal Klee Hölty Morgenstern
Roth Heyse Klopstock Goedicke
Luxemburg Puschkin Homer Kleist
La Roche Horaz Mörike Musil
Machiavelli Kierkegaard Kraft Kraus
Navarra Aurel Musset
Nestroy Marie de France Lamprecht Kind Kirchhoff Hugo Moltke
Laotse Ipsen Liebknecht
Nietzsche Nansen Ringelnatz
Marx Lassalle Gorki Klett Leibniz
von Ossietzky May vom Stein Lawrence Irving
Petalozzi Knigge
Platon Pückler Michelangelo Kock Kafka
Sachs Poe Liebermann Korolenko
de Sade Praetorius Mistral Zetkin

Aus Saadis Bustan und Gulistan

Musliheddin Sadi

Impressum

Autor: Musliheddin Sadi
Übersetzung: Josef von Hammer-Purgstall / Friedrich Rückert
Umschlagkonzept: toepferschumann, Berlin

Verlag: tredition GmbH, Hamburg
ISBN: 978-3-8495-3187-4
Printed in Germany

Text der Originalausgabe

Musliheddîn Sádî

Aus Saadis Bustan und Gulistan

Aus Saadis Bustan

*

Pforte

Lob Gottes

Im Namen dessen, der den Geist zum Schwunge schuf,
Des Meisters, der das Wort auf unsrer Zunge schuf;
Des Huldverleihers, der die Hand zur Hilfe beut,
Des Schuldverzeihers, den der Bitt' Erhörung freut;
Des Herrn der Ehren: wer von seiner Tür gegangen,
Zu welcher Tür er geht, wird er nicht Ehr' erlangen.
Das Padischahenhaupt, das hoch den Nacken trägt,
Ist in den Staub des Flehns vor seinen Thron gelegt.
Er will den Frevelnden nicht auf der Stell' erfassen,
Und nicht den Flehenden in Ungenad entlassen.
Und zeigt er sich erzürnt ob deinem bösen Wandel;
Kehrst du zum Bessern um, so tut er ab den Handel.
Wenn widerspenstig sich dem Vater zeigt ein Kind,
So ist des Vaters Zorn gewißlich ungelind;
Wenn mit den Eignen ist der Eigner unzufrieden,
Wie Fremde werden sie von ihm vors Tor beschieden;
Und wenn der Knecht nicht flink will an die Arbeit
gehn,
Wird er bei seinem Herrn nicht lang in Gnade stehn;
Wenn du den Freunden nicht erweisest Freundlichkeit,
Wird sich der Freund von dir zurückziehn meilenweit;
Und wenn ein Mann vom Heer versäumt den Dienst
der Waffen,
So hat der Heerfürst bald mit ihm nichts mehr zu schaf-
fen;
Doch Er, der Herr der herrscht so tief als hoch empor,
Schließt keinem über sein Vergehn des Soldes Tor.
Der Erde breiten Tisch deckt er für arm und reich,
Und Freund und Feind gilt an der offnen Tafel gleich.
Vorstellungen von gleich und ungleich sind ge-

schwunden

Vor ihm, das Wesen ist der Gegensatz' entbunden.
Er, der sich selbst genügt in einer Herrlichkeit,
Bedarf des Dienstes nicht, den Dschinn und Mensch
ihm weiht.
Ein jedes Was und Wer ist seines Winks gewärtig,
So Mück' als Mensch, so Fisch als Vogel ihm dienstfer-
tig.
So weit hin hat den Tisch er seiner Huld gedeckt,
Daß Simurg auf Berg Kaf davon den Anteil schmeckt.
Der Spender reich an Huld, der werkbeschickende,
Geheimniskundige, geschöpferquickende.
Nur ihm kommt Hochgefühl und Ichheit zu mit Fug,
Dann ewig ist sein Reich, sein Wesen selbgenug.
Dem einen setzt er auf das Haupt des Glückes Krone,
Den andern ziehet er zum Staub herab vom Throne.
Er macht zum Rosenbeet dort für den Freund die Glut,
Und wirft ins Feuer hier ein Heer aus Niles Flut.
Das dort sein offner Brief als seiner Gnade Spiegel,
Dies hier sein Machtbefehl mit Namenszug und Siegel.
Wo er das Schwert der Macht in Schrecken gürtet um,
Da bergen Cherubim vor ihm sich taub und stumm.
Wo freien Zutritt dann gewährt sein Gnadenhauch,
Da sagt Asasil wohl: ein Anteil wird mir auch.
Wo seine Herrlichkeit und Huld Eintritt erlaubt,
Tun ihre Herrlichkeit die Herrlichen vom Haupt
Den Armdemütigen ist sein Erbarmen nah,
Gewärtig dem Gebet der Flehenden sein Ja.
Sein scharfer Blick durchforscht des Ungeschehnen
Kreise,
Und Ungesprochenes hört seines Ohres Leise.
In Höh' und Tief entzieht sich seiner Obhut nichts,
Noch seiner Rechenschaft am Tage des Gerichts.
Wer muß den Nacken nicht erniedern unter ihn?
Und über seine Schrift wer darf den Finger ziehn?
Der Uranfängliche, der alles Guten waltet,
Mit Schicksalsmaß die Frucht im Mutterleib gestaltet,
Er hat von Ost zu West für Sonn' und Mond bereitet
Die Straßen, und die Welt aufs Wasser hingebreitet.

Der Erde Teppich hat er hingebreitet gut
Wie eines Heiligen Betteppich auf die Flut.
In seiner Furcht ergreift die Erd' ein Fieberschauer,
Sie wankt, da stützt er sie mit der Gebirge Mauer.
Ein Samentröpfchen hat er perigleich gestaltet;
Wo ist ein Bildner, der Gestalt aus Flut entfaltet?
Er wirft aus Wolkenschoß ein Tröpflein in den Tos,
Ein Tröpflein aus der Lend' in einen Mutterschoß;
Aus jenem Tropfen läßt er eine Perl' entstehn,
Und einen Menschenwuchs hervor aus diesem gehn.
Rubin und Saphir legt er in Steinlenden hier,
Dort Rosen von Rubin auf Zweige von Saphir.
Kein Stäubchen ist, dem er nicht wöge sein Geschick,
Denn gleich ist unsichtbar und sichtbar seinem Blick.
Er gibt der Schlang' und gibt der Ameis' ihre Spende,
Ob jen' auch ohne Fuß und dies' ist ohne Hände.
Sein Wort hat aus dem Nichts der Schöpfung Flor ge-
bracht;
Wer außer ihm hat Sein aus Nichtsein vorgebracht?
Und in des Nichts Verschluß bringt er zurück die Welt,
Und führt sie draus hervor ins Auferstehungsfeld.
Darüber, daß er ist, sind wir all einverstanden,
Darüber, was er ist, all in Unwissens Banden.
Kein Ende seiner Größ' ist Menschen abzusehn,
Noch Grenzen seiner Macht dem Auge zu erspähn.
Zum Gipfel seines Seins hebt Ahnung nicht die
Schwingen,
Die Einsicht kann die Hand zum Saum des Kleids nicht
bringen,
Ich saß, wie manche Nacht! an dem verlornen Weg,
Als die Betäubung mich am Ärmel zog: hinweg!
Viel Schiffe scheiterten in diesem Wogenbrande,
Von denen nicht ein Boot zum Vorschein kam am
Strande.
Wohl an Wohlredenheit kann man dem Sahban glei-
chen,
Doch nicht darum was unaussprechlich ist erreichen.
Ein Engel das Gebiet der Schöpfung übersieht,
Doch Ihn zu schaun ist nicht in deines Geists Gebiet.

Erwählte sporneten ihr Roß auf diesen Wegen,
Doch zahllos unterwegs sind sie dem Ritt erlegen.
Nicht gegen jede Stell' es anzureiten gilt,
An mancher Stelle gilts zu werfen weg den Schild.
Die Schale füllen sie wohl einem bei dem Mahle,
Doch mit Betäubungssaft nur füllen sie die Schale.
Und wenn ins Heiligtum man einließ den Geweihten,
So schließt man hinter ihm, er darf heraus nicht schreiten.
Den Weg zu Karuns Schatz fand keiner, oder wer
Auch fand den Weg, der fand den Rückweg doch nicht mehr.
Dem einen Falken sind vernäht die Augenlider,
Der andre sieht, allein versengt ist sein Gefieder.
Wenn diese Fahrt ist anzutreten dein Begehr,
So brich zuerst den Fuß dem Roß der Wiederkehr.
Im Herzensspiegel mußt du stille dich beschaun,
Und dich mit Lauterkeit allmählich ganz durchtaun;
Damit vielleicht ein Duft der Liebe dich berausche,
Dein suchend Ohr das Wort des ew'gen Bunds erlausche.
Wenn mit der Forschung Fuß bis dort hinan du dringst,
Dann dich von dort empor mit Liebesflügeln schwingst,
Das Schaun vom Schleierflor des Wähnens dich befreit,
Und kein Zeltvorhang bleibt als Gottes Herrlichkeit.
Wenn der Vernunft Gespann alsdann erliegen will,
Hält das Erstaunen ihm den Zügel an: steh still!
Das ist das Meer, durch das allein der Spürer ging;
Ab kam vom Wege, wer nicht hinterm Führer ging.
Die da zurückgekehrt von dieser Fahrt bestäubt,
Die gingen weit umher und sind davon betäubt.
Wohl mancher kor den Weg zuwider dem Propheten,
Der nie die Station des Heiles wird betreten.
Saadi, unmöglich ist's zu der Erwählung Flur
Zu kommen anders als auf des Erwählten Spur.

Pforte

Gutes Regiment
Verwaltungsmaßregeln und Regierungsgrundsätze

Wähl den Wohlhabenden, um ihm ein Amt zu geben;
Ein Habeloser wird vor dem Sultan beben.
Der Habelose zieht den Kopf zur Schulter ein,
Und weiter kommt dann nichts von ihm heraus als
Schrei'n.

*

Wenn ein Aufseher hat des Amtes Treu verletzt,
So werde selbem ein Aufpasser beigesetzt.
Wenn dann sich dieser auch mit ihm versteht zuletzt,
So werd' Aufseher und Aufpasser abgesetzt.

*

Gott fürchten soll, wem du vertrauest eine Pflicht;
Wenn dein Vertrauter dich nur fürchtet, trau ihm nicht.
Vor Gottes Rechenschaft sei dem Vertrautem bange,
Vor Rechenkammer nicht, Verweis und Untergange.
Schutt aus vor dir die Meng' und zähle fein mit Ruh,
Nicht unter Hunderten solch einen findest du.

*

Zwei Kameraden und vertraute Schulgesellen
Mußt du zusammen nicht auf einen Posten stellen.
Wer weiß, sie machen dort gemeinschaftliche Sache,
Der eine macht den Dieb, der andre steht ihm Wache.
Wenn voreinander Furcht die Räuber selber haben,
Kann sicher mittendurch die Karawane traben.

*

Hast einen du gesetzt von seiner Würde nieder,
So schenk nach ein'ger Zeit ihm deine Gnade wieder.
Denn einem Hoffenden Gewährung zu verleihn,
Ist so verdienstlich, wie Gefangne zu befrein.
Dem Angestellten, wenn ihm der Bestallung Säul'
Entzogen worden, reißt nicht ab der Hoffnung Seil.

*

Dem Dienstbefliss'nen soll ein Schah auf seinem Throne
So streng sich zeigen wie ein Vater seinem Sohne.
Bald schlagen wird er ihn, damit er Schmerz empfinde,
Das Wasser bald vom Aug' ihm wischen ab gelinde.
Sei lind, alsbald gibt er dem Übermute Statt,
Und wenn du strenge bist, so wird er deiner satt.
Drum, Streng' und Lindigkeit verbunden, das ist gut,
Wie'n Bader schlägt die Wund' und drauf das Pflaster
tut.

*

Freigebig, holden Sinns und liebreich sollst du sein
Wie Gott es dir gestreut, sollst du dem Volk es streun.
Zur Welt kam niemand der dort frei von Grame bleibt,
Und der nur bleibt, von dem ein guter Name bleibt.
Gestorben ist der nicht, von welchem bleibt zur Stelle
Die Brücke, das Bassin, das Gasthaus, die Kapelle.
Wem ein Andenken nicht zu stiften ist verliehn,
Desselben Daseinsbaum ist nicht zur Frucht gediehn.
Und wer da ging und ließ nicht solche Spuren nach,
Nachsenden soll man ihm ins Grab kein frommes Ach.

*

Wenn vor der Welt dich soll ein guter Name schmü-
cken,
Mußt du den Namen nicht der Guten unterdrücken.

Nach deines Herrschens Zeit o stell dasselbe Bild
Dir vor, das von der Zeit vormal'ger Herrscher gilt.
So hatten sie auch Lust und Freude zu genießen,
Und gingen endlich fort, indem sie alles ließen.

*

Der eine trug davon den guten Namen nur,
Der andre hinterließ des Bösen ew'ge Spur.

*

Nicht höre gern, was dir sagt der Verleumdung Mund;
Doch ist es dir gesagt, so geh ihm auf den Grund.
Von dem, der sich verging, nimm an des Unbedachtes
Entschuldigung, und Flehn um Schonung schonend
acht' es.
Wenn sich ein Fehlender ergeben deiner Macht,
Nicht auf den ersten Fehl sei er gleich umgebracht.
Wenn man's ihm einmal sagt und er den Rat nicht hört,
Dann sei zur Witzigung ihm Haft und Band beschert.
Wenn aber dann an ihm nicht haftet Rat noch Haft,
So ist's ein schlechter Baum, laß umhaun seinen Schaft.
Doch, eh des Lebens, sei der Freiheit er beraubt,
Denn nicht zu heilen ist ein abgeschlagnes Haupt.

*

Bist du ob dem Vergehn von jemand ungehalten,
Laß über seine Straf erst Überlegung walten.
Zerbrechen kannst du leicht den Bedachschan-Rubin,
Nicht wieder kannst du doch zusammensetzen ihn.

*

Von Ommans Küste kam einmal ein Mann daher,
Der Reise viel getan weit über Land und Meer.
Der Araber gesehn und Perser, Griechen, Türken,
Und Wissenschaft gesucht in allen Weltbezirken.

Er war an hohem Wuchs dem stämm'gen Baume gleich,
Allein vom Glück gebeugt, nicht an Belaubung reich.
Schriftrollen hatt' er aufgestapelt an zweihundert,
Doch selber abgebrannt war er bei soviel Zunder.
Er kam in eine Stadt herein vom Meeresstrande,
Da war ein Mächtiger der Oberherr im Lande,
Der guten Namen sich am Herzen liegen ließ,
Und unterwürfig gern sich Derwischen erwies.
Da wuschen ihm des Schahs dienstbare Leut' im Bade
Alsbald von Kopf und Leib den Staub der Wanderpfa-
de.
Wie auf des Fürsten Schwell' er nun sein Haupt ge-
senkt,
Lobpreisend hielt die Hand' er vor der Brust ver-
schränkt;
So schritt er in den Saal der Fürstenherrlichkeit:
»Dir bleibe jung das Glück, die Herrschaft dienstbe-
reit!«
Da sprach der Schahinschah: Woher bist du gekom-
men,
Und wie geschah's, daß du den Weg zu uns genom-
men?
Was hast du hier im Land gesehn von Bös und Gut?
Davon gib uns Bericht, o Mann von edlem Mut.
Er sprach:»O Waltender im weiten Erdenrunde,
Ein Helfer bleibe Gott, das Glück mit dir im Bunde.
In diesem Reiche bin ich nirgends eingekehrt,
Wo ich gefunden hätt' ein Herz von Not beschwert.
Auch fand ich nicht ein Haupt von Rausche schwer
und wüst,
Die Schenkenhäuser selbst fand ich nur leer und wüst.
Des Königs edlem Sinn genügt wohl dieser Schmuck:
Zufrieden ist er nicht, daß jemand leide Druck.«
So sprach er fein und groß Juwelen aus dem Schoß,
Daß bald von Huld dem Schah der Ärmel überfloß.
Des Manns Wohlredenheit erwarb sein Wohlgefallen,
Er rief ihn zu sich her und ehrt' ihn hoch vor allen.
Er gab Gold und Juwel zum Danke, daß er kam,
Nach seiner Herkunft auch fragt' er und seinem

Stamm.
Dem Fragenden erzählt' er sein Erlebtes dann,
Und näher stand er bald dem Schah als jedermann.
Der König sich beriet in seinem Herzen schon:
Die Stelle des Wesirs sei dieses Mannes Lohn.
In seinem Sinne stellt' er die Betrachtung an:
Zum Reichsverweser taugt gewiß mir solch ein Mann;
Jedoch nur Schritt für Schritt, daß nicht die Leute lachen,
Und wegen Unbedachts ob mir sich lustig machen.
Erst muß ich den Verstand des Mannes wohl erproben,
Nach des Verdienstes Maß sei dann sein Stand erhoben.
Denn aufgeladen hat dem Herzen Kummers Wucht
Jedweder der ein Werk begonnen unversucht.
Schreibt recht sein Protokoll der Kadi mit Bedacht,
So wird er nicht von Rechtsdoktoren ausgelacht.
Es gilt zu zielen, wenn der Pfeil liegt auf dem Bogen,
Nicht dann, wenn das Geschoß dir aus der Hand geflogen.
Wie Joseph braucht ein Mann voll Geist und Sittenzier
Der Jahre vierzig um zu steigen zum Wesir.
Ehr eine gute Frist von Tagen nicht verliefe,
Läßt jemands Sinn sich nicht ergründen in der Tiefe.
Nach jeder Eigenschaft genau prüft' er ihn dann;
Verständig, frommen Sinns und fehllos war der Mann,
Von gutem Wandel und von heller Urteilskraft,
Abwägend was er sprach, voll Menschenkennerschaft.
An Rate sah er ihn den Räten all voran,
Und übern obersten Wesir setzt' er ihn dann.
So übt' er Einsicht nun und Weisheit, daß in Not
Kein Herz kam über sein Gebot und sein Verbot.
Das Regiment bracht' er in seiner Feder Macht,
So daß dadurch in Leid kein Dasein ward gebracht.
Den Wortaufklaubenden legt' er die Zung' in Brand,
Weil nicht ein falsches Wort er schrieb mit seiner Hand.
Weil nicht ein Körnchen Falsch zu finden war am Manne,
Platzte des Neiders Grimm wie Körner in der Pfanne.

Durch den Erleuchteten das Reich zu Glänze kam,
Darob in neues Leid der alte Schranze kam.
An dem Verständigen gewahrt' er keine Blöße,
Wo beizubringen er ihm wüßte seine Stöße.
Ein Günstling und der Neid ist Mustopf und Ameise;
Nicht beizukommen ist gewaltsam, aber leise.
Nun standen dienstbereit in jedem Augenblick
Dem Schah zwei Jünglinge von sonnenhaftem Blick,
Zwo Huldgestalten rein wie Huri und Peri,
Aus edlem Stoff wie Mond und Sonne waren sie;
Zwei Bilder, daß du meinst, nur eines sei's, nicht zwei,
Das sich genüber selbst gestellt im Spiegel sei.
Des weisen Manns Gespräch, des redezauberreichen,
Macht' Eindruck auf das Herz der zwei zypressenglei-
chen.
Weil seine Sinnesart sie sahen rein wie Gold,
So wurden sie ihm bald von Herzen freund und hold.
Ein menschliches Gefühl der Neigung faßt' auch ihn,
Nicht Neigung wie sie zieht zur Sünde Toren hin.
Von Ruh empfand er sich im Augenblick erquickt,
Wo in das Angesicht der beiden er geblickt.
Vom alten Schranzen ward die Wittrung aufgespürt
Und der Bericht dem Schah böswillig zugeführt:
»Der Mann, ich weiß nicht wer er ist, noch wie er heißt,
Der guten Wandels nicht sich hier am Hof befleißt;
Ich höre, daß sein Sinn sich jenen Sklaven neigt,
Er sich verräterisch und unenthaltsam zeigt.
Es pflegen Reisende zu leben rücksichtslos,
Die nicht erzogen sind im Fürstenherrschaftschoß.
Doch nicht geziemet sich so frecher böser Gast,
Der bringt in üblen Ruf den fürstlichen Palast.
Sollt' ich so undankbar der Huld des Schahs mich zei-
gen,
Daß einen Übelstand ich sollte sehn und schweigen?
Nach Meinungen soll man nicht sprechen auf der Stel-
le;
Ich sprach nicht ehr als bis mir ward die Wahrheit hel-
le.
Durch meine Diener ist mir Kundschaft zugekommen,

Daß einen von den zwein er in den Arm genommen.
Ich hab's gesagt, dem Schah steht nun die Einsicht zu;
Ich selbst hab' ihn erprobt, erprob ihn auch nun du.«
Er deutete so schlimm als man nur deuten mag;
O hab' ein schlechter Mann nie einen guten Tag!
Wenn ein Mißwollender nur fand ein dürres Reis,
Macht er damit das Herz schon einem Fürsten heiß.
Mit einem Reise schürt man erst ein Feuer an,
Womit man einen Baum alsdann verbrennen kann.
Dem Schahe ward davon so heiß, daß übern Kopf
Ihm so die Wallung stieg wie auf dem Herd dem Topf
Schon nach des Armen Blut hob Zorn die Hand empor,
Allein Besonnenheit schob eine Hand davor:
»Zu töten wen du hast gepflegt, bringt Ungewinn,
Und Unhuld auf den Fuß der Huld hat keinen Sinn.
Vergreife du dich nicht an deines Pfleglings Heil;
Wenn er den Pfeil dir hält, schieß ihn nicht mit dem
Pfeil.
Du hättest lieber ihn nicht sollen auferziehn
In Freuden, wenn du nun in Schmach willst töten ihn.
Eh du dich überzeugst von dieses Mannes Wert,
Hast du den Zutritt ihm zum Hofe nicht gewährt.
Nun auch, ehr überzeugt von seiner Schuld du bist,
Laß ihn verderben nicht durch eines Feindes List.«
Der Schah verschlossen dies in seinem Sinne trug,
Weil er der Weisen Wort nicht aus dem Sinne schlug:
Das Herz, verständ'ger Mann, ist des Geheimen
Schrein;
Wenn du es aussprachst, fängst du's nicht mit Ketten
ein.
Verborgen achtet' er nun auf des Mannes Verhalten;
In des verständ'gem Sinn bemerkt' er Bruch' und Fal-
ten.
Denn unversehens er hin nach dem einen blickte,
Der auf der Lippe dann ein Lächeln unterdrückte.
Zwei, deren Seel' und Sinn sich zu einander neigen,
Die unterreden sich indem die Lippen schweigen.
Freund, wünschest deinen Rang du zu verringern
nicht,

So wende du dein Herz nicht auf ein glatt Gesicht.
Und wenn es selbst dich nicht verlocken vom rechten
Pfade,
Doch hüte dich, daß es nicht deiner Würde schade.
Wenn sich dein Aug' einmal gewöhnt ans Blicken hat,
Wird's, Wassersücht'gen gleich, von Tigris Flut nicht
satt.
Dem Schah ward sein Verdacht bestärkt von jenes
Schwächen,
Und seine Eifersucht droht' aus in Grimm zu brechen.
Jedoch aus Wohlbedacht und echter Klugheit Samen
Sprach er mit Ruh zu ihm:»o du von gutem Namen!
Als einen weisen Mann hab' ich dich angeschaut,
Und die Geheimnisse des Staats dir anvertraut.
Gehalten hab' ich dich für klug und musterhaft,
Verblendung traut' ich dir nicht zu und Leidenschaft.
Solch eine hohe Stell' ist nicht der Ort für dich;
Der Fehler ist nicht dein, nur selbst gefehlt hab' ich.
Wenn einen schlechter Art ich nehm' in meine Hut,
So heiß ich den Verrat im Harem selber gut.«
Darauf erhob sein Haupt der Mann an Wissen reich,
Und sprach:»O Chosro, dem an Kunde keiner gleich!
Da meines Kleides Saum ist rein von schlimmen Fle-
cken,
So darf ich vor des Feinds Verleumdung nicht erschre-
cken.
Dergleichen hab' ich nie im Herzen hie gedacht;
Ich weiß nicht, wer das sprach, woran ich nie gedacht.«
Darauf der Schahinschah:»Das was mein Mund hier
spricht,
Wird dein Ankläger selbst dir sagen ins Gesicht.
Der vorige Wesir hat mir's gesagt, und nun
Bedenke dich selbst, was du sagen willst und tun.«
Da lächelt' er und legt' an seinen Mund den Finger:
»Was du von dem mir sagst, verwundert mich gerin-
ger.
Wenn mich ein Neider sieht an seiner Stelle stehn,
Was sollte von der Zung' ihm außer Böses gehn?
Ich dacht' als meinen Feind von jener Stund' an ihn,

Da niedrem Sitz als mir der Chosro ihm verliehn.
Doch wenn du über mich ihn wolltest wieder setzen,
So sähest du, er würd' als Feind nicht mehr mich het-
zen.
Nie bis zum Jüngsten Tag wird er mir herzenstraut,
Solang in meiner Ehr' er seine Schande schaut.
Davon erzähl' ich dir die wahreste Geschieht',
Wenn erst ein günstig Ohr du leihn willst dem Bericht.

*

Parabel

Ich weiß nicht, wo die Schrift ich fand in einem Buch,
Daß Iblis kam im Traum zu einem zu Besuch,
An Wuchs zypressengleich, Huri von Angesicht,
Wie Sonne leuchtete von seiner Wang' ein Licht.
Hin trat der Mann und sprach:»O Wunder, bist du
der?
Ein Engel selber kann nicht aussehn herrlicher.
Du mit dem Angesicht als ob's der Vollmond wäre,
Wie wardst du in der Welt durch Häßlichkeit zur Mä-
re?
Was hat im Saal des Schahs so häßlich angefärbt
Der Maler dein Gesicht, so garstig und verderbt?
Ein gräuliches Gesicht hat man von dir erdacht,
Und in den Bädern dich so häßlich angebracht.«
Der unglücksel'ge Geist, als er das Wort vernahm,
Erhub er einen Ruf aus bitterm Seelengram:
O guter, nicht mein Bild ist jenes an der Wand,
Allein der Pinsel ist in meiner Feinde Hand.
Ich hab' einst ihren Stamm vom Paradies vertrieben,
Bei ihnen bin ich drum so häßlich angeschrieben.

*

»Mein Nam' auch wäre gut, doch meinen Feinden feh-
len

Die Gründe nicht, von mir nichts Gutes zu erzählen.
Das Wasser des Wesirs versiegt durch meinen Bronnen;
O war' ich meilenweit nun seinem Groll entronnen!
Jedoch ich fürchte mich nicht vor des Schahes Grimme,
Denn ein Unschuldiger erhebt mit Mut die Stimme.
Nur jenem geht es schlimm, wenn ihn der Vogt er-
reicht,
Dem, was zu Markt er bringt, ist an Gewicht zu leicht.
Da jeder Buchstab mir kommt aus der Feder sauber,
Warum bekümmert' ich mich um Buchstabenklauber?
Wenn der Verwalter bringt im Sacke keine Spreu,
Macht ihn die Sichtung nicht der Rentbeamten scheu.«
Bei seiner Rede blieb voll Ernst des Königs Seele,
Er streckte gegen ihn die Hand aus mit Befehle:
»Es macht ein Schuldiger nicht durch Schönrederei
Und Zungenfertigkeit von seiner Schuld sich frei.
Wär' auch die Klage nicht von deinem Feind geschehn,
Hab' ich es etwa selbst mit Augen nicht gesehen,
Daß von der Menge Volks in meinen Sälen hie
Dein Blick auf niemand ist gerichtet als auf sie?«
Da lächelte der Mann der Redekunst und sprach:
»Das ist die Wahrheit, und die Wahrheit kommt an
Tag.
Ein Rätsel steckt hierin; wenn dir's beliebt so höre!
(Daß nichts dein Leben kürz' und deine Herrschaft stö-
re!)
Siehst du den Bettler nicht, verkürzet vom Geschick,
Wie auf den Reichen er kehrt sehnsuchtsvoll den Blick?
Um meine Jugend so seh' ich mich selbst verkürzt,
In Spaß und Spiel ist mir das Leben hingestürzt.
Des Schönen Anblick kann ich nicht entbehren itzt,
Weil er das Kapital, das ich verlor, besitzt.
Solch rosenfarbenes Gesicht war mein einmal,
Der Glieder Schönheit so krystallenrein einmal.
Jetzt aber spinnen darf ich mir des Grabes Windel,
Denn Baumwoll' ist mein Haar, mein Leib ist wie die
Spindel
Wie jene trug ich einst nachtfarbiges Gelock,
Und knapp schloß um die Brust, die schwellende der

Rock.
Zwei Perlenreihen den Platz in meinem Munde hatten,
Wie eine Mauer festgefügt aus Silberplatten.
Nun siehst du, wenn der Mund zum Reden offenstand,
Wie sie zerbröckelt sind gleich alter Lehmenwand.
Wie sollt' ich sehnsuchtsvoll den Blick nicht dorthin
lenken,
So oft ich muß an mein verlornes Leben denken!
Die schöne Zeit ist mir vergangen wie ein Hauch,
Und dieses Stündchen wird zu Ende bald gehn auch.«
Als der Verständige so reihte Perlen an
Und Worte sprach wie man nicht beßre sprechen kann,
Blickt' unter seines Throns Vasallen um der Schah:
»Wer ist, der Schöneres an Sinn und Worten sah?
Auf unsre Schönen ist ein Blick wohl dem zu gönnen,
Der mit so schönem Wort sich hat entschuld'gen kön-
nen.
Hätte mich nicht Vernunft zur Mäßigung gelenkt,
Auf seines Feindes Red' hätt ich den Mann gekränkt.
Wer vorschnell mit der Hand zum Schwert greift um
zu schlagen
Wird seine Nägel mit dem Zahn der Reue nagen.
Von der Verleumdung Mund sollst du nicht Red' an-
nehmen,
Denn wenn du danach tust, so hast du dich zu schä-
men.«
Dem Unbescholtenen vermehrt' er Ehr' und Preis
Und Gut, dem böslichen Verkläger ward Verweis.
Nach seines kundigen Ministers weisem Rat
Ward seines Namens Klang beliebt in seinem Staat.
Mild und gerecht führt' er die Herrschaft jahrelang,
Und guter Name blieb nach seinem letzten Gang.
So haben Fürsten, die der Gottesfurcht oblagen,
Durch Gottesfurcht den Ball der Macht davongetragen.
Von solchen möchte jetzt zu finden keiner sein,
Und ist es einer, ist's Bubeker Saad allein.
Du bist, o Padischah, der Paradiesesbaum,
Der seinen Schatten wirft auf jahreslangen Raum.
Vom Glücke günstiger Gestirne bat einst ich,

Der Fittig des Humai möcht' überschatten mich.
Da sprach Vernunft: Humai kommt niemals dir zustatten;
Wenn du Befried'gung suchst, so geh in jenen Schatten.
Gott, deiner Gnade Blick hast du auf uns erstreckt,
Daß diesen Schatten du hast übers Volk gedeckt.
Seitdem bring' ich Gebet im Dienst der Herrschaft dar:
Den Schatten wolle Gott erhalten immerdar!

*

Fürstenlehren

In Langmut und Geduld erweist sich der Verstand,
Solch ein Verstand, den nicht bezwingt des Zornes
Hand.
Ich sage nicht: wenn Kampf du führest, halte Stand;
Ich sage: wanke nicht, wenn dich der Zorn bestand.
Den Fürsten würdevoll besonnen ernst und huldig
Macht des gemeinen Manns Geschrei nicht ungeduldig.
Ein Kopf leer von Geduld, von Übereilung voll,
Ist nicht ein solcher, der die Krone tragen soll.
Führt aus dem Hinterhalt der Zorn sein Heer zum
Raube,
Da bleibt nicht Billigkeit, nicht Gottesfurcht noch Glaube.
Nie unterm Himmel sah ich einen Teufel so,
Vor dem ein ganzes Heer von guten Geistern floh.
Zuwider dem Gesetz wird ein Trunk Wasser Sünde,
Vergoßnes Blut wird Recht durch des Gesetzes Gründe.
Wem des Gesetzes Spruch hat aberkannt das Leben,
Wohlan, dem scheue du dich nicht den Tod zu geben.
Wenn Angehörige von ihm sich aber finden,
Dieselben laß' in Ruh Barmherzigkeit empfinden.
Der Freveltöter hat die Schuld verübt; was müssen
Ein hilfeloses Weib und arme Kinder büßen?

*

Mit Kraft gerüstet ist dein Leib, mit Mut dein Heer;
Doch trag in feindliches Gebiet nicht deine Wehr.
Denn in ein festes Schloß wird sich dein Gegner wer-
fen,
Und das unschuld'ge Land erliegt des Schwertes Schär-
fen.

*

Sieh nach den armen Staatsgefangenen manches Mal;
Denn ein Unschuldiger kann sein in ihrer Zahl.

*

Wenn fremd ein Handelsmann verstarb in deinem
Land,
Verrat ist's wenn du legst an dessen Gut die Hand.
Es werde, wenn sie nun um seinen Tod wehklagen,
Untereinander Freund' und Anverwandte sagen:
So ist im fremden Land der Arme umgekommen,
Und was er hinterließ, hat ein Tyrann genommen.

*

An jenes Kindelein, das vaterlose, denke,
Und hüte dich, daß nicht sein Schmerzensach dich
kränke.
Manch guter Name, der hat fünfzig Jahr erreicht,
Ein böser Name kann zertreten ihn wie leicht!
Gefällig waltende mit Namen von Bestand,
Sie legen nicht ans Gut des Volkes ihre Hand.
Ein Herrscher, der das Reich der ganzen Welt gewann,
Nimmt er von Habenden, ist er ein Bettelmann.
Ein Hochgesinnter starb an Händeleerheit wohl,
Nie macht' er seinen Bauch aus Armer Lenden voll.

Ich hört' einmal, es hatt' ein edler Fürst vor Zeiten
Ein Wams, aus Futtertuch gemacht auf beiden Seiten.
Zu diesem sprach ein Freund: O edelster Chosru,
Schneid aus Chineserstoff doch einen Rock dir zu.
Er aber sprach: Soviel genügt zu Deck' und Schutz,
Und was darüber geht, das ist nur Prunk und Putz.
Und dazu nehm ich nicht die Schätzung von dem Land,
Daß sie zu Prunke sei mir und dem Thron verwandt.
Wollt' ich mit Putz den Leib, den Weibern gleich, be-
hängen,
Wie sollt' ich als ein Mann zurück die Feinde drängen?
Wünsch' und Begierden hab' ich selber mancherlei,
Doch glaub' ich nicht, daß mein allein der Staatsschatz
sei.
Des Schatzes Kammern sind für meine Heeresmacht
Allein gefüllt, und nicht für überflüß'ge Pracht.
Wenn mißvergnügt sind mit dem Schah die Krieger-
scharen,
So werden sie ihm schlecht des Reiches Grenzen wah-
ren,
Wenn fort den Esel treibt der Feind dem Bäuerlein,
Wozu denn nimmt der Schah des Dorfes Steuern ein?
Den Esel führt der Feind, das Geld der Schah davon;
Was siehst du für ein Glück bei derlei Thron und
Kron'?

*

Gewalt an Schwachen ist nicht echte Mannesweise;
Ein schlechter Vogel raubt ihr Körnchen der Ameise.
Die werden ihres Glücks und ihrer Jugend froh,
Die nicht den Untertan behandeln hart und roh.
Wenn seinen festen Fuß dein Untertan verlor,
O fürchte, daß zu Gott sein Klagen steig' empor.
Kannst du mit Lindigkeit das Land dir dienstbar ma-
chen,
So presse nicht mit Kampf das Blut ihm aus dem Ra-

chen.
Bei aller Männlichkeit! das Reich der ganzen Erd'
Ist nicht den Tropfen drauf vergoßnen Blutes wert.

*

Solch eine Hungersnot war ein Jahr in Damask,
Daß der Verliebte selbst vergaß des Liebchens Mask'.
Der Himmel war so karg der Erde, daß kein Halm
Der Saat befeuchtete die Lipp' und keine Palm'.
Der nie versiegte Quell versiegte von der Glut;
Kein Wasser blieb, als nur der Waisen Augenflut.
Und anders war es nichts, als einer Wittib Ach,
Wenn irgend stieg ein Hauch aus einer Luk' im Dach.
Ich sah den Gartenbaum wie einen Bettler nackt,
Und jeden starken Arm geschwächt und abgezwackt.
Kein grüner Rain am Berg, kein grünes Blatt an He-
cken;
Heuschrecke fraß das Laub, und Menschen die Heu-
schrecken.
In solchem Zustand kam ein Freund mir zugesprochen,
Dem nichts war als die Haut geblieben um die Kno-
chen.
Das nahm mich Wunder, denn er war ein wackrer Held
Gewesen sonst, ein Mann von Ansehn, Gut und Geld.
Ich sprach zu ihm: O Freund voll edlen Sinnes, sprich
Wie solch ein schmählicher Verfall betroffen dich?
Da schrie er gegen mich: Wohin ist dein Verstand?
Wer etwas weiß und fragt, dem macht die Frage
Schand'.
Siehst du nicht, daß die Not den Gipfel hat erstiegen,
Der bittre Drang ums Brot den Wipfel hat erstiegen?
Kein Regen kommt zur Erd' herab vom Himmelstor,
Und zu ihm, scheint es, steigt kein Hilferuf empor.
Ich sprach: Bei alle dem, was hast du zu besorgen?
Da tötet nicht das Gift, wo Theriak ist verborgen.
Wenn die Nichthabenden bedroht der Untergang,
So hast du, und der Ent' ist vor der Flut nicht bang.
Verdrießlich maß mich der gelehrte Mann mit Blicken,

Wie einen Toren pflegt ein Weisen anzublicken:
»Wer, wenn er auch vom Meer zum Ufer selbst ent-
flieht,
Kann ruhig sein, wenn er die Freund' ertrinken sieht?
Die Nahrungslosigkeit blaßt meine Wange nicht,
Um Nahrungslose bleicht der Kummer mein Gesicht.
Wohl kein Verständiger hat Wunden gern geschaut,
Auch nicht an fremder wie an seiner eignen Haut.
Ob ich vor Wunden gleich mag wohlbehalten sein,
Seh ich ein wunden Fleck, so schaudert mein Gebein.
Trüb wird die lautre Lust des Lebens dem Gesunden,
Der an die Seite sich des Kranken sieht gebunden.
Seh ich den Armen, der die Nahrung jetzt muß missen,
So wird zu herbem Gift an meinem Gaumen der Bissen.
Wer seine Freunde weiß in Kerkermauern schmachten,
Wie kann er wohlgemut das Rosenbeet betrachten?«

*

Vom Rausch des Volkes entstand in einer Nacht ein
Brand;
Mir ist gesagt, daß halb Bagdad in Flammen stand.
In solchem Zustand dankt' ein Mann dem Himmel nur:
»Daß unserm Laden doch kein Schaden widerfuhr.«
Ein anderer sprach zu ihm:»Du in der Selbstsucht
Strick
Gefangner, sorgest du allein für dein Geschick?
Gefällt dir's, daß in Glut die ganze Stadt aufgeht,
Wenn sicher nebenaus nur deine Wohnung steht?«
Nur ein Steinherziger kann stopfen seinen Magen,
Und einen andern sehn den Stein am Bauche tragen.
Wie schmeckt der Bissen wohl dem reichen Manne gut,
Wenn er den armen sieht vor Kummer essen Blut!
Sag nicht: Gesund ist, wer beim Kranken sich befindet;
Sieh, wie er selbst vor Weh dem Kranken gleich sich
windet.
Der Leichtfuß kann, wenn ins Quartier die Leute ka-
men,
Nicht schlafen, weil zurück sind unterwegs die Lah-

men.

Beladen mag sein Herz dem Sultan selber dünken,
Wenn er im Kote sieht Holzhackers Esel sinken.

Wenn dir im Lebensfeld geraten Heiles Saaten,
So g'nügt von Saadi dir ein Wort dich zu beraten;
Soviel, dafern du hörst, kann dir zur G'nüge dienen,
Daß, wo du Dornen säst, nicht ernten wirst Jasminen.

*

Gelesen hast du wohl von persischen Chosru'n,
Gewohnt, dem Untertan Bedrückung anzutun.
Nicht ist von ihnen nun der Herrschaft Schmuck ge-
blieben,
Noch der am Bauersmann verübte Druck geblieben.
O sieh, wie fehl es ist dem Frevelsmann gegangen!
Die Welt blieb, er ist in des Frevels Bann gegangen.
Heil dem Gerechten, der am Auferstehungstag
Im Schatten jenes Throns sein Zelt aufschlagen mag.
Wenn Gott es meinet gut mit einem Volksgeschlecht,
Dem gibt er einen Herrn wohlwollend und gerecht.
Doch wenn des Himmels Lauf verderben will ein Land,
Legt er die Herrschaft nur in eines Frevlers Hand.
Zu hüten sucht vor ihm sich jeder gute Mann,
Denn ein Zorn Gottes ist auf Erden der Tyrann.
Erkenne du von Ihm und dank' Ihm deine Macht,
Weil der Undankbare sein Glück zunichte macht.
Nicht zweifle, wenn du ihm für diese Güte dankst,
Daß du zu andern unvergänglichen gelangst.
Hast du nicht selber auch gelesen im Koran,
Daß Dankbarkeit allein das Glück verdoppeln kann?
Doch übst du Ungebühr in deiner Fürstenkraft,
So wird nach Fürstenschaft dir dort die Bettlerschaft.
Den Fürsten dürfe nie ein sanfter Schlaf erquicken,
Der von den Stärkeren die Schwächern läßt bedrücken.
Mach dem gemeinen Mann kein Senfkörnlein Be-
schwerde,
Weil du der Hirte bist, und jene sind die Herde.
Du bist, wenn man von dir Unbilde sieht und Leid,

Der Hirte nicht, der Wolf, ob dem man Zeter schreit.
Wenn du nicht willst, daß die Verwünschung folg' und
Schmach,
Sei gut, und niemand sagt dir etwas Böses nach.

*

Pforte

Wohltätigkeit

Wenn du verständig bist, komm, an den Sinn dich halt;
Denn was ausdauert, ist der Sinn, nicht die Gestalt.
Wer weder Einsicht hat, noch Frömmigkeit, noch Mil-
de,
Dem fehlt der inn're Sinn im äußeren Gebilde.
Derjenige wird sanft einst unter'm Boden ruhn,
Der hier nicht unterließ Bedrängten wohlzutun.
Sei auf dich selbst bedacht im Leben, weil, versenkt
In eig'ne Lust und Not, kein Freund des Toten denkt.
Gib jetzt dein Geld und Gut, da du es nennest dein;
Denn nach dir wird es nicht dir zu Gebote sein.
Wenn herzbekümmert selbst du gehn nicht willst von
hinnen,
Laß die Bekümmerten nicht aus Gemüt und Sinnen.
Erschließ' am heut'gen Tag dein Schatzhaus ohne Sor-
gen;
Denn in den Händen hast du nicht den Schlüssel mor-
gen.
Nimm einen Proviant für dich mit dir davon;
Denn sorgen wird für dich dein Weib nicht noch dein
Sohn.
Der hat den Ball des Glücks aus dieser Welt getragen,
Der mit sich bringt sein Teil in jenes Zelt getragen.
Geh, lege was du hast auf deine flache Hand,
Sonst morgen mit dem Zahn nagst du den Fingerrand.
Den Armen halt in Schirm und laß ihn nicht beschä-
men,

Daß Gottes Schirm dich selbst in Obhut möge nehmen.
Vom Tore weise nicht den Fremdling ohne Gabe;
Du könntest selbst einst gehn als Fremdling ohne Habe.
Ein Edler wird sein Gut Begehrenden gewähren,
Weil er bedenkt, daß er einst könne selbst begehren.
Daß du kein Bettler bist an fremder Tür, dafür
Sei dankbar, weise nicht den Bettler von der Tür.

*

Dem, dessen Vater starb, streu' Schatten auf das Haupt,
Und zieh den Dorn ihm aus, und schüttl' ihm ab den
Staub.
Siehst du ein Waisenkind, das läßt sein Köpfchen han-
gen,
O küsse nicht vor ihm dem eig'nen Kind die Wangen!
Weißt du nicht, was ihm fehlt mit seinen Kummermie-
nen?
Kann wohl ein Baum, wenn ihm die Wurzel fehlet grü-
nen?
»Einst trug ich eine Kron' auf meinem Haupte hie,
Als dieses Haupt ich legt' auf meines Vaters Knie.
Hätt' eine Fliege sich auf meinen Leib gesetzt,
Wie viele hätte das damals bestürzt! und jetzt;
Wenn ins Gefängnis mich die Feinde wollten führen,
Nicht eine Freundeshand würde für mich sich rühren.«
Wenn der Verwaiste weint, wer wird danach wohl fra-
gen?
Und wenn er zürnen will, wer wird's von ihm vertra-
gen?
O mach, daß er nicht weint! Denn droben Gottes Thron
Erzittert, wenn hier weint ein vaterloser Sohn.
Mach aus Barmherzigkeit sein Aug' von Wasser tro-
cken,
Und schüttl' aus Mitleid ihm den Staub aus seinen Lo-
cken.
Und wenn hinweg vom Haupt ihm wich der eig'ne
Schatten,
In deinem Schatten woll' Erquickung ihm gestatten.

Ich selber weiß um's Leid verlass'ner Kinder hier,
Denn in der Kindheit schied der Vater weg von mir.

*

Im Traum sah einen Manne der Heil'ge von Chod-
schand,
Der einen Dorn einst grub aus eines Waisen Hand.
Der sprach, indem er sacht durch Gärten kam gegan-
gen:
O wieviel Rosen mir aus jenem Dorn entsprangen!
O, dem Erbarmen zeig' dich ja nicht abgeneigt!
Erbarmen zeigt man dir, wenn du es hast erzeigt.
Wenn du Wohltaten übst, denk' nicht in eit'lem Wahn:
Ich bin ein hoher Fürst, er ist ein Untertan.
Wenn ihn des Schicksals Schwert danieder hat ge-
drückt;
O, ist nicht immer noch des Schicksals Schwert ge-
zückt?
Wenn Tausende den Thron dir mit Gebet umringen,
Hast du dem Herren Dank der Wohltat darzubringen,
Daß alles Volk von dir erwartet allerhand,
Und du erwartest nichts von eines ander'n Hand.
Wenn wir Mildtätigkeit der Fürsten Tugend nannten,
So irrten wir; sie ist der Schmuck der Gottgesandten.

*

Ich hörte, daß einmal in einer ganzen Wochen
Kein Gast in Abrahams Gezeiten eingesprochen.
Sein hoher Sinn litt nicht, daß er ein Frühstück nähme,
Wo nicht ein Dürftiger dran teilzunehmen käme.
Er ging hinaus vor's Zelt, umschauend hier und da,
Er richtete den Blick zur Seit' im Tal und sah:
Dort stand ein Mann allein, als wie ein Weidenbaum,
Sein Haupt von Alters Schnee bestreut mit weißem
Flaum.
Ein menschenfreundliches Willkommen rief er ihm,
Zum gastlichen Empfang zu kommen rief er ihm:

»Stern meines Auges, komm, nimm an das Gastgebot,
Verschmähen mögest du bei mir nicht Salz und Brot.«
Er sagte Ja, und hob zum Wandern seine Schritte,
Es war ihm wohl bekannt des Gottgeliebten Sitte.
Die Diener, die er ließ sein Gastgezelt verwalten,
Empfingen ehrenvoll den kümmerlichen Alten.
Er selbst gebot alsbald den Gasttisch zu bereiten,
Und alle setzten sich umher an dessen Seiten.
Als man das Tischgebet zu sprechen nun begann,
Vernahm man keinen Laut dabei vom alten Mann.
Zu ihm sprach Gottes Freund:»Betagter Mann, ich fin-
de,
Daß minder Andacht dich, als Greisen ziemt, entzünde.
Ist es nicht billig, wenn die Speise du verzehrst,
Daß du den Namen auch des Speisegebers ehrst?«
Er sprach:»Zu keinem Brauch bequem' ich Mund und
Hand,
Den bei des Feuerdiensts Hochmeistern ich nicht fand.«
Da merkte Gottes Freund, den alle Welt lobpreise,
Der Gebern einer sei der glückverlass'ne Greise.
Da trieb er ihn mit Schmach als einen Fremden aus;
Denn ein Ungläubiger ist Schmutz im reinen Haus.
Der Engel aber kam vom Herrn der Majestät,
Um ihn mit Nachdruck auszuschelten: Ei Prophet!
Ich hab' ihm hundert Jahr' Leibunterhalt verlieh'n,
Und keinen Augenblick willst du ertragen ihn?
Wenn seine Andacht er dem Feuer zugewandt,
Was wendest du darum von ihm der Milde Hand?

*

Dein Wohltun stell' nicht ein, weil du dir sagst: dies ist
Nur Heuchelei und Schein, und jenes Trug und List.
Sich selber schadet nur der schriftgelehrte Mann,
Der Kunst und Wissenschaft für Brot feilhalten kann;
Wie gäbe die Vernunft gesetzlich den Bescheid,
Daß einer Ewiges hingeb' um Zeitlichkeit?
Du aber nimm es nur, weil ein Vernünft'ger eben
Von denen gerne kauft, die etwas wohlfeil geben.

*

Es kam ein Zungenheld zu einem Mann von Sinn:
»O wisse, daß ich stark in Schlamm geraten bin.
Zehn Dirhem schuldig bin ich einem schlechten Wicht,
Von dem ein einz'ger Gran mir ist ein Pfundgewicht.
Die ganze Nacht bin ich um ihn in Ungemach,
Den ganzen Tag geht er mir wie mein Schatten nach.
Mit seines kränkenden Zudringens Ungebühr
Verwundet er mein Herz wie meines Hauses Tür.
Gott hat ihm wohl, seit ihm die Mutter gab das Leben,
Nichts auf der Welt als die zehn Dirheme gegeben.
Gelernt hat er im Buch des Glaubens nicht das A,
Und das Kapitel nur gelesen ›Er bleibt da‹.
Die Sonn' ist keinen Tag am Berg empor geschlagen,
Wo mir der Schwengel nicht den Ring am Tor geschlagen.
In Sorgen bin ich nun, wo ich den Edlen finde,
Der vom Steinherz'gen mich mit Silbers Hilf' entbinde.«
Das hörte nun der Mann von Sinnesart so nobel,
Und in den Ärmel schob er ihm gleich ein paar Nobel.
So hatte nun das Gold erhascht der Taugenichts,
Fort ging er gleich dem Gold verklärten Angesichts.
Zu jenem sprach ein Scheich:»Kennst du nicht diesen feinen?
Nicht über ihn braucht man, im Fall er stirbt, zu weinen.
Ein Unverschämter, der den Mann der Löwin schor;
Er gibt dem Abuseid Springer und Kön'gin vor.«
Der Fromme kam in Zorn:»Stell deine Reden ein!
Du bist kein Mann der Zung' und hast nur Ohr zu sein.
Nicht Menschenfreundlichkeit schien mir's, den armen Wicht
Weggeh'n zu seh'n beschämt von meinem Angesicht.
Wann wahr gewesen ist, was mir dafür gegolten,
So wahrt' ich vor der Welt die Ehr' ihm unbescholten.
Doch war es Heuchelei und eine freche List,
So denke nicht, daß es mir leid gewesen ist.
Denn selber hab' ich dann die Ehre mir bewahrt,

Daß einen windigen Wortmacher los ich ward.« –
Verteil' an Bös und Gut nur Gold und Silbergrab';
Dies wendet Segen zu, und jenes Unrat ab.
O Heil dem Manne, der in kluger Männer Kreisen
Beispiele kennenlernt von Denkungsart der Weisen.
Wenn Überlegung, Geist und Sinn dein Herz erkor,
Nimmst du den guten Rat von Saadi gern ins Ohr,
Des Redemeisterschaft stets in dergleichen war,
Nicht in Ohrläppchen, Aug' und schwarzem Mal und
Haar.

*

Ein Mann schied, und ihm blieb sein Gut zum Ange-
denken,
Ein Sohn auch, der den Sinn auf Edlers wollte lenken;
Daß er wie Geizige die Hand auf's Gold nicht drücke,
Vielmehr Freigeb'gen gleich desselben Band entstricke.
Nie leer war seine Tür von armer Bettler Schwalle,
Und voll von Reisenden stets seine Herbergshalle.
Den Angehörigen und Fremden Liebes tat er,
Und legte nicht in Haft das Silber wie sein Vater.
Ein Tadler sprach zu ihm:»Ei du mit wind'gen Hän-
den,
Willst du auf einen. Zug soviel du hast verschwenden?
In einem Jahre kann man eintun Kornvorrat;
Im Nu verbrennen ihn, ist keine Heldentat.
Wohlleben, Geld und Gut hat nirgend Rast erwählt;
Hat diese Neuigkeit noch niemand dir erzählt?
In diesen Tagen wollt' ein Klausner Lehre geben
Dem Sohn, und sprach zu ihm:»O deines Vaters Leben!
Geh ohne Sack und Pack, und räume Hof und Haus,
Und mit freigeb'ger Hand das Gut der Welt streu' aus!«
Vorsichtig war der Sohn und im Geschäft erprobt,
Den Vater pries er laut: ›O Weiser hochbelobt!
Da bei der leeren Hand für dich ist kein Behag',
Nun in der Fülle Zeit denk' an den Rechnungstag.‹
Zu ihrer Tochter sprach gar schön die Bäuerin:
»Am Tag der Fülle leg' ein Blatt für Mangel hin.

Den Eimer und den Schlauch gefüllt halt immerdar,
Denn durch das Dorf fließt nicht der Bach das ganze
Jahr.«
Man kann mit Zeitlichem das Ewige gewinnen,
Man kann mit Gold ein Netz um Löwenklauen spin-
nen.
Auf einmal streue nicht dein Gold den Freunden hin,
Auch die Bedrängnisse von Feinden halt' im Sinn.
Wenn leer die Hand dir ist, zu Liebchen nicht dich
schwing;
Doch wenn du Silber hast, geschwinde komm und
bring.
Denn, magst du dein Gesicht zum Staub des Wegs ihm
senken,
Es wird bei leerer Hand dir keine Antwort schenken.
Mit leeren Händen pflückst du keinen Hoffnungs-
strauß,
Mit Gold schlägst du das Aug' dem weißen Teufel aus.
Wenn alles was du hast du auf die Hand willst legen,
So wirst du in der Hand zur Zeit der Not nichts hegen.
Die Bettler werden nicht durch dein Bemühen feist,
Ich fürchte, daß du bald geworden mager seist.«
Wie der Verpöner nun des Wohltuns also sprach,
Da ward dem jungen Mann die Zornesader wach.
Vom tadelsüchtigen ward so das Herz ihm wund,
Daß er in Eifer kam und rief:»O Lästermund!
Dies mein Vermögen, das du siehest um und an,
Mein Vater sagt', es sei geerbt von meinem Ahn.
Nun konnten diese nicht von Anfang es bewahren,
Mit Kummer gingen sie davon und ließen's fahren.
So ist in meine Hand des Vaters Gut gefallen,
Und wird nach mir in die des Sohns hinüberwallen.
Drum mögen lieber es verzehren jetzt die Leute,
Als daß nach meinem Tod es werde Raubmahlbeute.« –
Iß und bekleide dich, schenk' und mach ein Vergnügen;
Warum bewahrest du zu anderer Verfügen?
Das sind Hochsinnige, die aus der Welt mitnehmen;
Ein Niederträchtiger läßt's an der Statt mit Grämen.
Dem kommt zustatten Gold und Gut, der sich das Haus

Der Ewigkeit damit goldschimmernd stattet aus.
Mit Zeitlichem kannst du das Ew'ge dir erkaufen;
Kauf's, liebes Herz, sonst bringt dir Kummer nur dein
Haufen.

*

Zwei Lehren waren es, die mir der Scheich Schihab,
Der weise Führer, einst am Rand der Fluten gab;
Die ein': im Eig'nen Geist selbstsichtig nicht zu sein,
Die andr' im Weltverkehr fehlsichtig nicht zu sein.
Einst sah ich, wie dem Scheich die bitter'n Tränen flossen,
Als er die Verse las vom Weh der Glutgenossen.
Ich weiß, daß jene Nacht vor Schrecken er nicht schlief;
Und als der Tag aufging, vernahm ich, wie er rief:
»O möchte doch nur voll von mir die Hölle sein,
Wenn andere dadurch frei blieben von der Pein!«
In solcher Art hat er gegessen und geschenkt,
Daß niemand sprach: Er hat sein Seelenheil gekränkt.
Er sprach, beschämt sein Haupt bergend in Wüstenein:
Was tat ich Gut's daß ich mein Herz Ihm dürfte weih'n?
Um Heldenmütigkeit wollt' einer einst ihn loben:
Du hast auf Gottes Weg bestanden harte Proben.
O sieh, wie mannhaft er darauf die Antwort gab:
»Wozu die großen Lobserhebungen? Laß ab!
Die Hoffnung, die ich trag' ist nur auf Gottes Huld;
Auf eig'ne Tätigkeit vertrau'n ist große Schuld.
Das ist der Weg des Heils: daß die, so recht auftraten,
Stets Gutes taten und nie selbst genug sich taten.
Die Scheiche sprachen all die Nacht hindurch Gebete,
Und knieten dann beim Hauch der Früh' auf die Tapete.
Der aber trug den Ball des Glückes von der Bahn,
Der alles für das Wohl der Menschen hat getan.«

*

Bei ihrem Manne klagt' ein Weib einst:»Künftig lasse
Du den Getreideeinkauf beim Melber uns'rer Gasse.
Bemühe dich zum Markt der Weizenhändler hin;
Denn der beut Weizen aus, doch Gerste führt er drin.
Von Käufern nicht, und nur von Fliegen ein Gewimmel
Verbirgt sein Angesicht oft wochenlang dem Himmel.«
Da sprach der Mann, der fand an Edelmut Vergnügen,
Zu seinem Weib:»O du mein Licht, laß dir genügen!
Er hofft' auf uns, als er die Bude hier bezog;
Nicht freundlich wär's, wenn man die Nahrung ihm
entzog.«
Geh, lerne du im Weg der guten Menschen wallen,
Und, wo du stehest, reich die Hand dem, der gefallen.
Sei schonend, rücksichtsvoll! ein Mann voll Rücksicht
geht
Als Käufer zu dem Kram, wo das Geschäft nicht geht.

*

Ich hörte, daß ein Mann, der seine Wallfahrt machte,
Auf jedem Schritte zwei Kniebeugen vollbrachte;
So hitzig auf dem Weg der Andacht, daß ihm schien,
Auch einen Dorn dürf' er aus seinem Fuß nicht ziehn.
Zuletzt, gestachelt von des Hochmuts Flüsterungen,
Schien ihm Vollkommenheit in hohem Grad errungen.
Des Teufels Blendwerk führt' ihn einer Grub' entgegen,
Und zum Verderben war er auf den besten Wegen.
Wo Gotts Erbarmen nicht sich seiner angenommen,
Wär' er durch Dünkel ganz vom Heerweg abgekom-
men.
Doch ein Geheimnisbot' erhub an ihn den Ruf:
O guter Mann, den Gott zu edlem Streben schuf!
O denke nicht; wenn du hast ein Gebet vollbracht,
Daß du dem Himmel hast ein Gastgeschenk gemacht.
Ein Menschenherz erfreu'n, ist mehr vor Gottes Thron,
Als tausend Beugungen auf jeder Station.

Die Frau des Schloßhauptmanns sprach früh zu ihrem
Mann:
»Auf, Edelster, an's Tor der Tageskost klopf an!
Geh, daß vom Tische dir dein Anteil sei gegeben,
Um deine Kinder hier dem Mangel zu entheben.«
Da sprach er:»Heute wird die Küche kalt erprobt,
Weil unser Sultan nachts ein Fasten hat gelobt.«
Das Weib ließ hoffnungslos den Kopf daniederhängen,
Und sagte bei sich selbst in ihres Notstands Drängen:
»Der Sultan, ei wozu schrieb er dies Fasten aus?
Sein Fastenbrecher nur ist meiner Kinder Schmaus.« –
Viel besser tut, wer ißt und ander'n davon gibt,
Als wer sich selbst kasteit, weil er den Mammon liebt.
Zuträglich mag allein für jenen sein das Fasten,
Der einem Dürftigen auftut den Futterkasten.
Wozu sonst ist es Not, daß du dich so beschwerest,
Dir selbst es darbest ab und doch es selbst verzehrest?
Des Toren Träumerei, der sich in Klausen setzt,
Vermengt Unheiliges und Heiliges zuletzt.
Der Spiegel auch ist klar und klar des Baches Flut;
Zur Klärung aber ist Vernunft dem Menschen gut.

Ein Mann hatt' hohen Sinn, und Mittel nicht genug,
Es reichte nicht sein Gut für seiner Großmut Flug.
O daß ein Niedriger doch reiches Gut nie fände.
Und dem Freigebigen nie wären knapp die Hände!
Doch einem welchem hoch des Geistes Schwingen wal-
len,
Wird seltener der Wunsch in seine Schlingen fallen,
Sowie der Gießbach, der sich im Gebirg' entband,
Nicht auf der Höhe dort kann finden festen Stand.
Denn seine Milde maß er nicht nach seinem Gut,
Deswegen war er bald verarmt mit hohem Mut.
Doch ein bedrängter Freund schrieb ihm zwei Zeilen
einst:

»O der du schöne Tat mit guter Art vereinst!
Komm mir mit ein'gem Geld zu Hilf in der Bedrängnis,
Denn schon seit ein'ger Zeit bin ich im Schuldgefäng-
nis.« –
In seinen Augen war wohl Geld und Gut nur Tand,
Doch war zum Unglück ihm kein Heller in der Hand.
Er sendet' einen Mann des Schuldners Gläubigern,
Denen er sagen ließ:»Ihr hochbelobten Herrn,
Zieht ab von seinem Saum ein wenig eure Hand,
Und wenn er euch entflieht, so steh' ich euch zu
Pfand.«
Dann ins Gefängnis ging er g'rades Wegs:»Nun auf,
Und nimm von hier, soweit der Fuß dich trägt, den
Lauf!«
Wie seines Käfigs Tür der Sperling offen sah,
Nicht einen Augenblick hat er mehr Ruhe da.
Schnell wie ein Frühlingshauch fuhr er aus den Berei-
chen,
So schnell, daß seinen Staub der Wind nicht könnt' er-
reichen.
Da griffen jene stracks den jungen Ehrenmann:
»Schaff uns zur Stelle nun das Geld, wo nicht den
Mann.«
Den Vogel fängt man nicht, wenn man ihn ließ entflie-
gen;
Und hilflos mußt' er sich in das Gefängnis schmiegen.
Ich hörte, daß er lang in seiner Haft verblieb,
Und gegen niemand klagt' und auch an niemand
schrieb.
Er hatte Schlaf bei Nacht, und Tags kein Ungemach;
Da kam ein frommer Mann an ihm vorbei und sprach:
»Du scheinst ein fremden Guts Verzehrer nicht zu sein;
Was widerfuhr dir, daß du kamest hier hinein?«
Er sprach:»Für einen, der im Band sich übel fand,
Wußt' ich nicht ander'n Rat, als daß ich nahm sein
Band.
Mit meinem Sinne fand ich es nicht überein,
Daß in Behagen ich, ein and'rer wär' in Pein.«
Er starb zuletzt, indem er hohen Ruhm erwarb;

Wie herrlich lebt ein Mann, wenn nie sein Name starb!
Mehr gilt ein Mann, den so lebendig man begräbt,
Als eine Menge, die mit totem Herzen lebt.
Nicht ein lebend'ges Herz erliegt dem Todesbann;
des Herzlebend'gen Leib, stirbt er, was liegt daran?

*

Ein Mann fand in der Wüst' einst einen durst'gen
Hund;
Nur einen Atem noch hatt' er in seinem Mund.
Zum Eimer machte da den Turban er in Eile,
Und seines Turbans Band zu einem Brunnenseile.
Zum Dienste schürzt' er sich, die Arme streift' er auf,
Und Wassers einen Trunk zog er dem Hund herauf.
D'rauf wollte der Prophet des Mannes Lob verkünden:
Der Herr der Allmacht hat vergeben seine Sünden. –
Wohlan, hast du gefehlt, so denk in Reue nach,
Nimm eine Milde vor, bring eine Treue nach.
An einem Hunde ging die Wohltat nicht verloren;
Wie sollte sie's an dem, der dir ist gleichgeboren?
Sei nur, soviel du kannst, zu helfen unverdrossen;
Das Tor des Guten hat für keinen Gott verschlossen.
Wenn in der Wüste du nicht einen Brunnen gründest,
Auch gut, wenn du ein Licht in der Kapell' anzündest.
Gold spenden zentnerweis' aus des Schatzhauses Wand
Kommt nicht dem Quentchen gleich aus sau'rer Arbeit
Hand.
Nach seiner Kräfte Maß mag tragen jeglicher;
Denn ein Heuschreckenfuß ist für die Ameis' schwer.

*

Mach dich, o Glücklicher, den Leuten angenehm,
Daß jenes Tages Gott mit dir nicht streng es nehm'.
Nicht, wenn er strauchelt, wird erliegen in der Not,
Wer den Gefall'nen gern die Hand der Hilfe bot.
Wenn Ehr' und Anseh'n dir fest steht und ohne Wank,
So übe nicht Gewalt am Armen schwach und krank;

Denn selbst kommt er vielleicht zu Ehr' und Anseh'n
hier,
Alswie der Bauer wird im Schachbrett zum Wesir.
Hör' also guten Rat: die Männer einsichtvoll,
Mit Willen pflanzen sie in keinem Herzen Groll.
In Schaden hat der Herr der Garben sich verstrickt,
Der mit Unfreundlichkeit auf Ährenleser blickt.
Er denkt wohl nicht daran, daß wer den armen Mann
Reich machen, auch sein Weh dem Reichen geben
kann!
Wie manch Gewaltiger ist schwer auf's Haupt gefallen!
Wie manch Gefall'nen hob des Glückes Wohlgefallen!
Darum zerbrich das Herz der Niedrigen du nie,
Daß du nicht eines Tags sei'st niedriger als sie.

*

Einst klagte seine Not ein Derwisch matt und schwach
Vor einem Geizhals, dem nicht Geld noch Gut gebrach.
Nicht einen Taler gab er ihm, noch einen Deut,
Und schrie noch obendrein ihn an mit Heftigkeit.
Des Bettlers Herz voll Blut ob solcher Schnöde war;
Er hob das Haupt betrübt und sprach;»O wunderbar!
Wie kann ein Reicher so unfreundlich sein dem Leid!
Er fürchtet selbst wohl nicht des Heischens Bitterkeit!«
Doch der Kurzsichtige befahl, die Diener sollten
Ihn werfen aus dem Haus, mißhandelt und gescholten.
Ich hörte, weil er Gott nicht Dank für Segen gab,
So wendete zuletzt von ihm das Glück sich ab.
Sein Hochmut neigte bald sich mit dem Kopf zur Tiefe;
Des Himmels Schreiber schrieb an einem schwarzen
Briefe.
Das Unglück zog so nackt ihn aus wie Knoblauch;
Es blieb ihm keine Tracht, ihm blieb kein Träger auch.
Ihm streute das Geschick auf's Haupt der Armut Asche;
Dem Taschenspieler gleich war nichts in Hand und Ta-
sche.
Er war von Kopf zu Fuß verwandelt ganz und gar;
In diesen Dingen ging vorüber manches Jahr.

Sein letzter Diener kam in eines Edlen Sold,
Der reich von Herz und Hand und von Gemüt war
hold.
Wenn in betrübter Lag' er konnte sich erbarmen
Des Armen, freut' ihn das, alswie ein Schatz den Ar-
men.
Vor seiner Türe nachts um einen Bissen bat
Einst einer, der von Last gedrückt unstet auftrat.
Der Mann von Einsicht gab sogleich Befehl dem Knech-
te,
Daß er Befriedigung dem armen Bettler brächte.
Wie er ihm einen Teil nun brachte von dem Schmaus,
Da stieß, wie außer sich, er einen Aufschrei aus.
Gebroch'nen Herzens kam er zu dem Herren wieder,
Und sein Geheimnis stand im Naß der Augenlider.
Den Diener fragte da des edlen Herren Huld:
»Daß dir die Träne fließt, wer hat davon die Schuld?«
Darauf erwidert' er: »Mein Herz ward ganz verstört
Vom Anblick dieses Manns, des Glück ist ganz zerstört.
Denn Sklave war ich selbst bei ihm in vor'ger Zeit,
Als er in Reichtum lebt', in Glanz und Herrlichkeit.
Die Hand, der jene Pracht und Macht nun ist entgan-
gen,
Streckt er an Türen aus, Almosen zu empfangen.«
Er lächelte: »Mein Sohn kein Leid ist dem gescheh'n;
Kein Unrecht läßt der Lauf der Welt an wem gescheh'n.
Ist das der Geizhals nicht, der reiche Handelsmann,
Der mit des Hauptes Stolz stieß an den Himmel an?
Und ich bin jener, den er trieb von seiner Tür;
An meine Stelle setzt' ihn nun das Glück dafür.
Der Himmel hat einmal mich angeblickt mit Licht,
Und mir des Kummers Staub gewaschen vom Gesicht.«
Nie schloß Gott eine Tür in seiner Weisheit Rat,
Daß er in seiner Huld nicht eine andr' auftat.
Wie mancher dürftige Brotlose wurde satt,
Und mancher Üppige verdarb an Laub und Blatt.

*

Pforte

Demut

Geschaffen hat dich Gott aus Erdenstaub allein,
D'rum wie die Erde sollst du unterwürfig sein.
Sei kein von Gier und Wut entflammtes Ungeheuer,
Aus Erde schuf dich Gott, o sei nicht gleich dem Feuer.
Als sich das Feu'r gesträubt mit schrecklicher Gebärde,
Demütigte vor'm Herrn in Unmacht sich die Erde;
Weil nun den Hochmut es, die Demut sie erkor,
So ging aus ihm der Dew, aus ihr der Mensch hervor.

*

Ein Regentröpfchen fiel aus einer Wolke Schoß,
Beschämt war's, als es sah das Meer so weit und groß.
»Da wo das Meer ist«, sprach's, »was bin ich an dem
Ort?
In Wahrheit, wo es ist, ein Nichts nur bin ich dort.«
Weil's mit dem Auge der Verachtung selbst sich sah,
Nahm eine Muschel es an's Herz und pflegt' es da.
Das Schicksal wendete zu solchem Ziel sein Los,
Daß eine Perl' es ward, wert eines Schahes bloß.
Sich selbst erniedrigt' es, daß Hoheit es empfing,
Pocht' an des Nichtseins Tor, daß es zum Sein einging.

*

Ein Jüngling von Verstand und edler Sinnesart
Kam nach Rumili einst auf einer Meeresfahrt.
Dort, als sie Adel sah'n, Demut und Urteilskraft
An ihm, gewährten sie ihm Aufnahm' ehrenhaft.
Das Haupt der Brüderschaft lud eines Tags ihn ein:
»Halt unsere Moschee von Staub und Unrat rein.«
Sobald als dieses Wort dem Pilger zugekommen,

Verschwand er, und von ihm ward nichts mehr wahr-
genommen.
Da schlossen alsofort die Jünger und der Pir,
Es fehl' an Rüstigkeit des Dienstes dem Fakir.
Der Tempeldiener traf ihn auf der Straßen an
Des ander'n Tags, und sprach:»Du hast nicht wohl ge-
tan.
Du hast wohl nicht bedacht, selbstsüchtiger Geselle,
Daß Männer nur durch Dienst erreichen eine Stelle.«
Da hub er an und weint' aus laut'rer Herzensglut,
Und sprach zu jenem:»Freund voll Gut' und Edelmut!
Nicht Staub noch Unrat sah ich an dem Orte dort,
Und unrein war allein ich an dem reinen Ort.
Deswegen zog ich mich zurück und dacht', es sei
Besser der heil'ge Raum von Dorn und Distel frei.« –
Ein Derwisch kann nicht gehn auf ander'm Ordenswe-
ge,
Als daß er in den Staub sich selber niederlege.
Wenn du Erhöhung willst, ernied're dich; denn weiter
Gibt's, um auf den Altan zu steigen, keine Leiter.

*

Ich hört', es kam einmal an einem Festtag grade
Der heil'ge Bajesid aus einem warmen Bade.
Da goß man unverseh'ns herab von einem Haus
Voll Aschen eine Schal' ihm über'n Scheitel aus.
Er rief, Kopfbund und Haar besudelt vom Gestieb,
Indem er mit der Hand des Danks sein Antlitz rieb:
»O meine Seele, da das Feuer ich verdien',
Um etwas Asche dürft' ich mein Gesicht verziehn?«
Die Edlen haben nie den Blick auf sich gerichtet;
Selbstsichtigkeit hat auf Gottsichtigkeit verzichtet.
Wer hoch den Kopf trägt, fällt, daß er den Nacken
bricht;
Wenn du Erhöhung willst, so such' Erhöhung nicht.

*

Beim Weltkind suche nicht den Heilsweg der Erbau-
ung,
Und nicht bei dem sich selbst Ansehnden Gottbeschau-
ung.
Wenn du dich willst erhöh'n, so tu' nicht wie die Nie-
der'n,
Die mit Verachtungsblick begegnen ihren Brüdern.
Kann ein Verständiger im Wahn befangen sein,
Daß er von Gravität sein Anseh'n müsse leih'n?
Du kannst nicht höher'n Rang dir von dem Volk erbit-
ten,
Als daß dich's nennt den Mann von angenehmen Sitten.
Wenn Hochmut gegen dich zeigt deinesgleichen einer,
Mit Augen der Vernunft siehst du darum ihn kleiner;
Auch du, wenn Hochmut du feilhalten willst, mein Gu-
ter,
Erscheinest ander'n so, wie dir ein Hochgemuter.
Wenn dir vergönnt ist, auf Höhen hin zu wallen,
So lach' o Weiser, nicht ob jenem, der gefallen.
Denn mancher stand wohl hoch und ist zu Fall ge-
kommen,
Und seinen Platz hat ein Gefall'ner eingenommen.
Gesetzt auch, daß an dir nicht mög' ein Fehler haften,
Deswegen schelten mußt du nicht mich fehlerhaften.
Der Kaaba Pfortenring mag hier der eine ziehn,
Und dort der and're fall' in Schenken trunken hin;
Wenn diesen Er beruft, wer will ihn ein nicht lassen?
Und treibt Er jenen aus, wer holt ihn von der Straßen?
Auf seine Werke kann sich jener nicht berufen,
Und nicht vor diesem sind verlegt der Reue Stufen.

*

Die Überliefrer des heil'gen Wortes sagen,
Daß (Friede sei mit ihm!) vordem in Jesu Tagen
Gelebt ein Mann, von dem das Leben war verloren,
Weil er im Pfade ging der Irren und der Toren;

Ein frecher, ein schwarzangeschrieb'ner, herzenshart,
Von des Unsauberheit beschämt selbst Iblis ward.
Er hatte seine Tag' unnütz in Wind gestreut,
In seinem Leben nie ein Menschenherz erfreut.
Sein Kopf leer von Vernunft, und voll von Einbildungen,
Sein Bauch von Bissen feist, die frevelnd er verschlungen;
Von Unrechtfertigkeit war ihm der Saum beschmitzt,
Und seiner Sünden Schmutz den Sein'gen angespritzt.
Ihm fehlt' ein Fuß, um g'rad wie Sehende zu gehn,
Ein Ohr, um guten Rat wie Menschen zu verstehn.
Die Leute floh'n vor ihm alswie vor bösen Zeiten,
Einander zeigend wie den Neumond ihn von weiten.
Sein Speicher ward verzehrt von Lohen seiner Lust,
Und guten Namens war kein Körnchen unter'm Wust.
Soweit sein Schwelgen trieb er, der sich schwarz anschrieb,
Daß schon in seinem Buch kein Raum zu schreiben blieb:
Ein Diener seiner Lust', in Geistesschlaf versunken,
Am Tag und in der Nacht im Taumel und betrunken.
Ich hörte nun, daß aus der Wüste Jesus kam,
An eines Beters Schrein den Weg vorüber nahm.
Da stieg der Eremit hernieder aus der Zelle,
Und fiel zu Füßen ihm, den Kopf gesenkt zur Schwelle.
Von weitem aber stand der glückverlass'ne Sünder,
Geblendet, wie vom Licht ein Schmetterling, nicht minder
Sehnsüchtig sah er drein mit der Beschämung Zeichen,
Alswie ein Bettler auf die Hand sieht einem Reichen.
Vergebung rief er an mit leiser Herzensklage
Für die in Geistesschlaf verbrachten Nacht' und Tage.
Des Kummers Träne rann vom Aug' ihm wie ein Bach:
»In Geistesschlafe ging dahin mein Leben, ach!
Des Lebens bares Geld hab' ich geworfen hin,
Und mir zu Händen kam des Gutes kein Gewinn.
O möchte so wie ich das Leben keiner haben,
Der so viel besser, als am Leben, ist begraben.

Geborgen ist, wer in der Zeit der Kindheit starb,
Daß er mit greisem Haupt Beschämung nicht erwarb.
Der du erschufst die Welt, die Sünde von mir nimm!
Denn wenn sie bei mir bleibt, ist die Gesellschaft
schlimm.«
So betet' er, das Haupt beschämungsvoll gesenkt,
Die Wange von der Flut sehnsücht'ger Reu getränkt.
Indes wehklagend hier der alte Sünder stand:
»Hilfreicher Hort der Welt, o reiche mir die Hand!«
Erhob der Fromme dort sein Haupt voll Selbstvertrau-
en,
Und wies dem Bösewicht von weitem herbe Brauen:
»Was hat den Taugenichts gebracht auf uns're Spur?
Der Unglückselige, was will bei uns er nur?
Der über Hals und Kopf gestürzt ist in das Feuer,
Und der dem Wind der Lust preisgab des Lebens
Scheuer;
Was hat Verdienstliches seine befleckte Seele,
Daß er zum Umgang mich und den Messias wähle?
Daß die Beläst'gung er von hinnen nehme nur,
Und zu der Hölle fahr' auf seiner Werke Spur!
In Unmut macht mich sein unholder Anblick wallen;
Ich fürchte, daß auf mich sein Feuer könne fallen.
Wo die Erstandenen zu der Versammlung gehn,
Laß mich nicht dort, o Gott, mit diesem auferstehn!« –
In dieser Stunde kam vom Herrn der Majestät
Eröffnung Jesu zu (ihm sei Preis und Gebet):
»Wenn der ein Weiser hier, und der dort ist ein Tor,
Dem Anruf beider will ich nicht entzieh'n das Ohr.
Der, dem des Lebens Tag in der Verkehrtheit schwand,
Geschrie'n hat er zu mir aus Herzens Weh und Brand.
Wer aber zu mir kommt hilflos in seiner Schuld,
Will ich nicht werfen von der Schwelle meiner Huld.
Erlassen sei ihm was in Werken er verstieß,
Durch meine Gnade nehm' ich ihn ins Paradies.
Und wenn der fromme Mann desselben sich will schä-
men,
Im ewigen Palast den Sitz bei ihm zu nehmen,
Wohlan, daß seiner Ehr' es keinen Eintrag tut,

Zum Garten bringen soll man jenen, ihn zur Glut.« –
Denn dieser stützte sich auf seine Frömmigkeit,
Indessen jenem war das Herz voll blut'gem Leid.
Nicht wußt' er, daß vor'm Thron des allg'nugsamen
Reichen
Hilflosigkeit mehr gilt, als stolzer Selbstsucht Zeichen.
Wem rein ist das Gewand, der Wandel ist befleckt,
Kein Riegel ist für ihn der Hölle vorgesteckt.
An dieser Schwelle sind für dich Armut und Schwä-
chen
Besser als frommer Dienst und Selbstsichheiligspre-
chen.
Wenn du für gut dich hältst, bist du ein schlechter
Baum;
In jener Selbstigkeit ist nicht für Selbstheit Raum.
Bist du ein Mann, sprich nicht von deiner Mannheit all!
Viel Ritter hat der Schah, nicht jeder schlägt den Ball.
Wie Zwiebel lauter Haut fand sich ein Wicht beim
Schluß;
Wer dacht', es sei in ihm ein Kern wie in der Nuß?
Ein solcher Gottesdienst wird dir nicht wohl gedeihen;
Geh, bitte du den Herrn, den Fehldienst zu verzeihen!
Was ist ein Trunkenbold, der taumelnd irregeht?
Was ein sich selber schwer es machender Asket?
Askes' und Gottesfurcht und Reinheit übe ja;
Nur treib' es weiter nicht als selber Mustafa!
Stell' übermäßig auch das Weiße nicht zur Schau;
Denn weiß und schwarz zugleich ist widerwärtig grau:
Nicht Nutzen hat vom Dienst der unverständ'ge
Knecht,
Der gut ist gegen Gott und gegen Menschen schlecht.
Von weisen Männern bleibt das Wort zum Angeden-
ken;
Von Saadi mögest du nur dieses Wort bedenken:
Ein Sünder, der in Furcht sich vor dem Herren neigt,
Ist besser als wer fromm im Dienst sich gerne zeigt.

*

Fürst Saleh, Syriens Beherrscher, der gerechte,
Ging manchmal morgens aus allein mit einem Knechte,
Und streifte so umher auf Märkten und auf Straßen,
Nach Arabergebrauch den Schleier vorgelassen.
In einem Bethaus fand er zwei Derwische liegen
Voll Unbehaglichkeit und voller Mißvergnügen.
Es hatt' in kalter Nacht kein Schlaf ihr Aug' gewonnen;
Sie warteten erstarrt, Eidechsen gleich, der Sonnen.
Und von den beiden sprach zum jüngeren der älter':
»Am Auferstehungstag wird doch sein ein Vergelter.
Wenn diese Padischahs mit hochgetrag'nen Hälsen,
Die sich in aller Füll' und Lust des Lebens wälzen,
Gehn mit den Armen ein zur Paradieseslaube,
So heb' ich nicht den Kopf aus meins Grabes Staube.
Die Wohnung werden wir im Paradies aufschlagen,
Die wir hier um den Fuß des Kummers Bande tragen.
Was haben sie dir Gut's auf dieser Welt gegeben,
Um dir im Wege noch zu steh'n in jenem Leben?
Ja, käme Saleh dort nur in den Gartenwinkel,
Ich schlüge meinen Schuh ihm an das Hirn voll Dün-
kel.«
Als Saleh den Bescheid von jenem hört' erteilen,
Schien's ihm geraten nicht, dort länger zu verweilen.
Ein Weilchen ging er noch, bis von der Sonne Bronnen
Des Schlummers Duft im Aug' der Schöpfung war zer-
ronnen;
Da sandt' er eilends hin und holte jene bei;
Voll Würde setzt' er sich, und ehrenvoll die zwei.
Den Regen seiner Füll' er über sie ergoß,
Daß aller Staub der Schmach ab ihren Gliedern floß.
Nach Mühsal und nach Not, nach Frost und Regen-
nacht,
Sie saßen mit des Reichs Heerfürsten nun in Pracht.
Die Bettler, die zum Schlaf nachts hatten kein Gewand,
Beräucherten nun ihr Gewand mit Aloebrand.
Da sprach zum König hin gewandt der eine leis':
»O du, dem dienstbar sei mit Lust der Erdenkreis!

Den Angenehmen tut ein König Ehren an;
Was von uns Sklaven ward dir angenehm's getan?«
Vor Lust der Schahinschah wie eine Ros' erblühte,
Den Bettler lacht' er an und sprach zu ihm voll Güte:
»Ich bin der Mann nicht, der aus Stolz auf meinen
Stand
Den Armen hätte je das Antlitz abgewandt;
Nun tu auch gegen mich den Übeln Mut von dir,
Daß du im Paradies mir machest Ungebühr.
Heut hab' ich aufgemacht des Friedens Tür für dich,
So mache morgen auch die Tür nicht zu für mich.« –
Dies ist der Weg, den du zu wandeln hast zum Glücke:
Begehrst du Adel, stoß die Nieder'n nicht zurücke.
Dem ist nicht dort die Frucht am Himmelsbaum gera-
ten,
Der hier nicht hat gestreut des guten Willens Saaten.
Wem guter Wille fehlt, darf Seligkeit nicht hoffen;
Der Schlägel Dienstbarkeit hat Glück, den Ball, getrof-
fen.
Wie kämst du gleich dem Docht zu hellem Glanz, o
Prasser,
Voll von dir selbst, alswie die Ampel voll von Wasser?
Erkoren ist nur der zu der Gesellschaft Leuchte,
Des Herz, der Kerze gleich, ganz Glut ist ohne Feuchte.

*

Es ging ein Trunk'ner, der die Laut' im Arme trug,
Die einem frommen Mann er nachts am Kopf zer-
schlug.
Am ander'n Tage kam der Gute sonder Groll,
Dem Wüstling bracht' er dar die Hand von Silber voll:
»Du warst berauscht von Wein gestern, und ich von
Stolz;
Zerschlagen ward mein Kopf und dir der Laute Holz.
Die Wunde ward mir heil, und Brennholz auch zuteil;
Doch außer Silber ist für dich kein ander' Heil.« –
D'rum ist ein Gottesmann zum Haupt der Welt erho-

ben,
Um Streiche von der Welt an seinem Haupt zu proben.

*

Mir ist berichtet, daß in Wachsch ein Edler sich
Zurückgezogen hielt im Winkel tugendlich,
Im Geist der Wahrheit nackt, kein Frömmling im Ge-
wand,
Der nach dem Gut der Welt hervorstreckt seine Hand.
Ihm hatte Seligkeit still eine Pfort' erschlossen,
Und er zu sich der Welt die Pforte streng verschlossen.
Ein Zungenheld voll Unverstandes dürft' es wagen
Dem guten Manne frech viel Böses nachzusagen:
»Habt acht vor solchem Trug, vor solchen falschen Lis-
ten,
Bei frommer Einfalt sich als Teufel einzunisten!
Sie waschen ihr Gesicht von Zeit zu Zeit wie Katzen,
Um nach der armen Maus zu strecken ihre Tatzen.
Aus Ruhmsucht fleißen sie sich der Enthaltsamkeit;
Denn man vernimmt den Klang der hohlen Trommel
weit.«
So schwatzt' er, und viel Volk war um ihn her erschie-
nen,
Und Männer weideten und Weiber sich an ihnen.
Dem einen mochte da Geschwätz zum Lachen schei-
nen,
Dem ander'n die Geduld des frommen Manns zum
Weinen.
Mir ist berichtet, daß von Wachsch der Weise dann
Mit Weinen sprach: »O Gott belehre diesen Mann!
Doch sagt die Wahrheit er, o Heiliger, ich flehe,
Bekehre mich, auf daß ich nicht verlorengehe! –
Von einem Schelter ist die Gunst mir widerfahren,
Daß ich die eigen Unarten hab' erfahren.
Bist du, wie man dich schilt, so laß dich's nicht verlet-
zen;
Und wenn du so nicht bist, laß in den Wind ihn
schwätzen.

Wenn zu dir sagt ein Tor: ›Dein Moschus ist Gestank‹,
Zeig du dich lobenswert, und seine Red' ist krank.
Doch wenn man dieses Wort von deiner Zwiebel
spricht,
So gib es zu, und sei faulhirnig selber nicht.
Es kauft kein weiser Mann, kein von Gemüt vorneh-
mer,
Ein Mundschloß für den Feind bei einem Budenkrämer.
Es will sich mit dem Sinn der Weisen nicht vertragen,
Leichtfertigem Geschwätz der Toren nachzufragen.
Wer sich mit stillem Fleiß bei seiner Arbeit regt,
Des Feindes böse Zung' hat er in Band gelegt.
Sei nur dein Wandel gut, damit, wer Böses sinne,
Anlaß zum Schaden dir zu reden nicht gewinne.
Wenn schwer dir fällt das, was von dir ein Gegner
spricht,
Sieh was er schilt an dir, und tu dasselbe nicht.
Wie sollte jener nicht zu meinem Besten sprechen,
Der so zur Einsicht mir verhilft in mein Gebrechen?«
Die Stolzvergoldeten mag man ins Feuer tun;
Ob Messing oder Gold sie seien, zeigt sich nun.

*

Dem Ali vorgelegt ward eine schwier'ge Frage,
Damit befriedigend er deren Antwort sage.
Der Fürst der Gläubigen, der Feinde schlägt in Band,
Und Länder aufschließt, gab die Antwort voll Ver-
stand.
Mir ist berichtet, daß zugegen war ein Mann,
Der sprach:»So ist es nicht, o Vater des Hasan!«
Darob kam nicht in Zorn der kriegsberühmte Leu;
»Wenn du es besser weißt«, sprach er, »Sag's ohne
Scheu.«
Er sagte, was er wußt', und sagt' es klar und hell;
Verstopfen kann man nicht mit Lehm den Sonnenquell,
Sein Wort hieß gut der Fürst vom menschlichen Ge-
schlechte:
»Im Fehler war ich selbst, er aber ist im Rechte.

Er wußte mehr als ich; allwissend ist nur Einer
Ob dessen Weisheit ist mit seiner Weisheit keiner.« –
Wenn heute wär' ein Fürst mit solcher Macht betraut,
Er hätte gar aus Stolz den Mann nicht angeschaut.
Der Kämmerer hätt' ihn zur Tür hinausgeschafft,
Niedergeschlagen hätt' ihn einer bengelhaft:
»Begeh nicht solcherlei Schamlosigkeit hinfort!
Vor großen Herren führt man nicht das große Wort.« –
O laß, wo voll ein Kopf ist von des Dünkels Chören,
Dich nicht bedünken, daß er werde Wahrheit hören.
Die Lehr' ist ärgerlich, die Predigt ungelegen;
Blutnelken sprießen nicht aus hartem Stein vom Regen.
Wenn du vom Weisheitmeer hast Perlenüberflug,
Geh gieße sie mit Rat dem Derwisch vor den Fuß.
Sahst du nicht einen Dorn, der im demüt'gen Staube
Schlug Wurzel, Rosen trug und blüht' als Frühlingslaube?
Vergiß, o Weiser, nicht den Ärmel voll Juwele,
Wo du voll von sich selbst siehst eine Herrenseele.
Im mancher Augen wird nie Eingang einer finden,
Der seine Größe selbst sie läßt zu sehr empfinden.
Du rede nicht, eh' man dir's danket tausendfach;
Und redest du von selbst, erwarte nichts hernach.

*

Es war ein Bettler, wie man mir berichtet hat,
Dem Omar auf den Fuß einst im Gedränge trat.
Und ihn erkannte nicht sogleich der arme Wicht;
Wem weh es tut, der kennt den Freund vom Feinde
nicht.
In Zorn geriet der Mann und rief: »Du bist wohl blind.«
Doch Antwort gab darauf Omar der Fürst gelind:
»Ich bin nicht blind, es ist ein Fehltritt nur gescheh'n;
Ich wußt' es nicht; darum verzeih' mir das Verseh'n.« –
Des Glaubens Helden, o wie waren sie bescheiden,
Die ihren Untertan so pflegten zu bescheiden!
Erles'ne Weise sind demütiger Gebärde,
Ein fruchtbelad'ner Zweig neigt mit dem Haupt zur

Erde.
Wer hier demütig ist, hat nicht an jenem Tage
Zu fürchten, daß vor Scham gesenktes Haupt er trage.
Fürchtest du dort den Tag, wo du wirst Rede stehn,
So schenk' hier denen, die dich fürchten, ihr Vergeh'n
O richte schonungslos die Untergeb'nen nicht;
Denn über deinem ist ein anderes Gericht.

*

Von gutem Wandel war ein Mann und holdem Mut,
Der von den Schlechten selbst zu reden pflegte gut.
Den sah ein Mann im Traum, nachdem er war geschie-
den,
Und fragt': »erzähl' einmal, was dort dir ist beschie-
den?«
Er tat der Rose gleich mit Lachen auf den Mund,
Tat gleich der Nachtigall in süßem Ton sich kund:
»Sie haben's nicht zu streng genommen dort mit mir,
Weil gegen niemand ich verfuhr mit Strenge hier.«

*

Pforte

Ergebung

Öl der Betrachtungen brannt' ich in einer Nacht,
Und von Wohlredenheit die Lampe war entfacht.
Ein Schwätzer ohne Sinn vernahm mein Wohlgetön
Und konnte nicht umhin mir zuzurufen: »Schön!«
Doch etwas Bosheit schob er alsbald mit hinein;
Denn stille schweigen läßt nicht das Gefühl der Pein.
»Die Worte sind beredt, erhaben die Gedanken,
Doch nur in guten Rats und frommer Lehre Schranken,
Nicht in der Schilderung von Keul' und Lanzenschaft;
In Dingen dieser Art sind and're meisterhaft.« –
Er weiß nur nicht, daß wir nicht haben Lust an Fehde;

Sonst war' auch da nicht eng der Tummelplatz der Rede.
Das Schwert der Zunge wohl versteh' auch ich zu ziehn;
Durch alle Schreiberei' der Welt den Strich zu ziehn.
Komm, laß uns einen Gang in diesem Spiele machen,
Für unser's Gegners Haupt den Stein zum Pfühle machen.

Mir lebt' in Isphahan vor diesem ein Bekannter,
Ein kriegsbegieriger, verweg'ner, mutentbrannter;
Sein Dolch und seine Hand in Blut beständig badend,
Und seines Feindes Herz durch ihn am Feuer bratend.
Ich sah ihn niemals, daß nicht voll sein Köcher klang,
Aus Spitzen seines Stahls der Feuerfunke sprang.
Ein Recke mit der Kraft der Fäuste stiergewaltig,
Von seinem Schrecken ward des Löwen Mut zwiespaltig.
Zu schießen wüßt' er so mit einem Pfeil ins Ziel,
Daß eines Feindes Leib vom Schuß in zwei zerfiel.
Nie sah ich einen Dorn der Rose durch's Gewand
So dringen wie sein Speer drang durch der Schilde Rand.
Wo er ein Kämpferhaupt traf mit seines Spießes Flammen,
Da lötet' er ihm Helm und Kopf in eins zusammen.
Alswie ein Spatz am Tag des Heuschreckfangs, am Platz
Des Kampfes, gleichviel galt vor ihm Mann oder Spatz.
Wenn gegen Feridun er einen Anlauf nähme,
Er ließ ihm Zeit nicht, daß zum Zieh'n des Schwerts er käme.
Die Tiger senkten scheu vor seiner Kraft die Klauen,
Wenn er ins Hirn des Leun ließ seine Krallen hauen.
Wo von ihm ward gefaßt am Gurt ein Kampfgeselle,
Und war' er ein Gebirg', er riß ihn von der Stelle.
Wenn auf Gepanzerte das Sattelbeil er hieb,
So fuhr es durch den Mann, daß es im Sattel blieb.
An hohem Mannesmut und edler Männlichkeit

Ward gleich kein zweiter ihm gefunden weit und breit.
Mich will' in keiner Zeit er lassen aus der Hand,
Weil zu Rechtschaffenen er einen Trieb empfand.
Doch unversehens riß von dannen mich die Reise,
Weil mir am Orte nicht zureichte mehr die Speise.
Es rückte das Geschick mich von Irak nach Scham,
Ein gutes Land, wo mir des Weilen wohlbekam.
Was soll ich sagen? dort verbracht' ich manchen Mor-
gen
In Arbeit und in Ruh', in Hoffnung und in Sorgen.
Nun schien vom Lande Scham mein Becher voll zu
sein,
Und bei mir stellte sich nach Haus die Sehnsucht ein.
Da hatte Zufall es so wunderlich geführt,
Daß wieder durch Irak der Rückweg mich geführt.
Das Haupt sank eines Nachts mir in Gedanken nieder,
Und jener Treffliche kam in das Herz mir wieder.
Die alte Wunde ward mit frischem Salz begossen;
Denn aus des Mannes Hand hatt' ich das Salz genossen.
Um ihn zu sehn, begab ich mich nach Isphahan,
Wo liebevoll nach ihm zu suchen ich begann.
Ich fand den jungen Mann vom Lauf der Zeit zum
Greise
Gewandelt, seinen Schaft voll Saft zu dürrem Reise;
Wie ein Gebirg' sein Haupt vom Schnee der Haare blas-
ser,
Vom Schnee der Jahre lief ihm über's Kinn das Wasser.
Die Hand des Himmels hatt' an ihm die Meisterschaft
Bewährt, ihm aufgedreht die Faust der Manneskraft.
Die Welt hatt' aus dem Kopf den Dünkel ihm gerückt,
Und seiner Unmacht Haupt war auf das Knie gebückt.
Ich sprach zu ihm: »O du Leunfänger, stolz von Wüch-
se,
Was brachte dich herab gleich einem alten Fuchse?«
Er lachte d'rauf und sprach: »Durch die Tatarenschlacht
Ward aus dem Kopfe mir die Kampfbegier gebracht.
Starren sah ich das Feld, als wie ein Schilf von Speeren,
Und Kugelregen es dem Feuer gleich verzehren.
Da regt' ich auf den Staub der Schlacht wie Rauch und

Dampf;
Doch, wo das Glück nicht hilft, was hilft der Mut zum Kampf?
Ich bin der Mann, der wohl, wann es zum Angriff ging,
Vom Finger mit der Lanz' herabholt' einen Ring;
Doch da die Sterne mir nicht Beistand wollten leih'n,
So schlössen wie ein Ring die Feinde rings mich ein.
Da macht' ich eilig mir den Weg der Flucht zu Nutz;
Denn eines Toren Faust beut dem Verhängnis Trutz.
Was konnte meinem Leib der Panzer, meiner Stirne
Helfen der Helm, da mir nicht halfen die Gestirne?
Wenn deine Hände nicht der Obmacht Schlüssel tragen,
Wirst du nicht mit dem Arm des Sieges Tür aufschlagen.
Wir waren eine Schar Kampfhelden von Beruf,
In Erz gefaßt das Haupt des Manns und Rosses Huf.
Als wir der Feinde Heer wahrnahmen an dem Staube,
War Panzer unser Kleid und Helm war uns're Haube.
Arab'sche Rosse gleich Gewölken schwenkten wir,
Und die Geschosse gleich den Schlössen lenkten wir.
Zwei Heere stürzten aus dem Hinterhalt zusammen,
Als stürzten auf die Erd' hernieder Himmelsflammen.
Vom Pfeileregen dicht wie Hagelkörnerschauer
Schwoll Todessündflut rings hin über Wall und Mauer.
Geworfen ward zu kampfbegier'ger Leuen Fange
Die Fangschnur, eine weit den Mund auftu'nde Schlange.
Zum Himmel ward die Erd' im dunkelblauen Staube,
Und Sternen gleich der Blitz von Schwert und Pickelhaube.
Wie sich die Reiterei des Feinds auf uns ergossen;
Stemmten wir Schild an Schild entgegen fest geschlossen.
Wir spalteten ein Heer mit Pfeilen und mit Speeren,
Bis uns das Glück verließ, und wir den Rücken kehren.
Was kann mit Macht des Manns gestraffte Faust erzwingen,
Wenn höhrer Leitung Arm ihm nicht will Beistand

bringen?
Nicht das gezückte Schwert der Kämpen war so
stumpf,
Nur die Feindseligkeit des Glücks war im Triumph.
Keiner von unser'm Heer war aus des Kampfes Wut
Entkommen, ohne das sein Kaftan troff von Blut.
Wie hundert Körner, die in einer Ähre sind,
Zerstoben Korn um Korn wir hier und dort im Wind.
Verzagend gaben wir verloren unser Spiel,
Wie wenn ins Netz ein Fisch mit Schuppenpanzer fiel.
So mancher bohrte nicht die Spitz' in weiche Seiden,
Von dem ich dacht', er würd durch einen Amboß
schneiden.
Da wieder uns verzog der Glückstern sein Gesicht,
So half der Schild uns vor dem Pfeil des Schicksals
nicht.« –
Glückseligkeit ist vom Allmächtigen geschenkt,
Nicht von des Kämpfenden gewalt'gem Arm gelenkt.
Wenn du das Glück nicht hast, die Sphären im Azur
Macht nicht Mannhaftigkeit zum Jagdfang deiner
Schnur.
Da wider'n Himmel man die Hand nicht kann erheben,
Muß man zufrieden sich mit seinem Gange geben.
Durch ihre Ohnmacht nicht kommt die Ameis' in Haft,
Und nicht der Löwe frißt durch seine Stärk' und Kraft.
Steht läng'res Leben dir geschrieben, sei nicht bange,
Der Leu zerreißt dich nicht, es beißt dich nicht die
Schlange.
Und wenn von Lebensfrist kein Teil geblieben dir,
So tötet dich wie Gift ein Lebenselixier.
Nicht Röstern, weil er noch sein Nahrungsmaß verzehrt
Nicht hatte, wurde von Schegads Verrat verheert.

Zu der Kamelin sprach einst unterwegs ihr Fohlen:
»Willst du nach langem Marsch nicht einmal Atem ho-
len?«
Sie sprach darauf: »Hätt' ich in meiner Hand den
Zaum,
So sollte niemand hier mich sehen unter'm Saum.« –

Der Schiffsherr lenkt das Schiff, wohin er's lenken woll-
te,
Und wenn der Nichtherr sich das Kleid zerreißen sollte.
O Saadi, richte nicht auf jemands Hand die Blicke;
Der Geber ist allein der Lenker der Geschicke.
Bist du ein Knecht des Herrn, laß and'rer Herren Türen;
Denn, wenn er ausstößt, wer vermag dich einzuführen?
Setzt er dir Kronen auf, so heb' den Kopf empor;
Wo nicht, so kraue dir nur hoffnungslos das Ohr.

*

Andacht aus inner'm Trieb ist angenehm dem Herrn;
Wo nicht, was kommt heraus bei Schalen ohne Kern?
Ob Feueranbetergurt, ob Kutt', ist einerlei,
Wenn du sie trägst, damit das Volk bestochen sei.
O prunk', ich sag' es dir, mit deiner Mannheit nicht;
Und hast du dich als Mann gezeigt, so sei kein Wicht.
Nach Maß des Seins gebührt zu legen an den Schein;
Beschämung trägt davon, wer Schein bringt ohne Sein.
Denn zieht man von dem Kopf ihm die geborgten Kap-
pen,
So sieht man an der Brust die alten Kleiderlappen.
Wenn klein du bist, gib nicht Holzfüße deine Beinen,
Um in der Kinder Aug' als Großer zu erscheinen.
Wie fein versilbert du dein Kupfer hast, es geht
Doch auszugeben nur an den, der's nicht versteht.
O liebe Seele, d'rum vergolde nicht den Heller;
Denn gelten wird er doch nichts auf des Wechslers Tel-
ler.

*

O weißt du nicht, was einst Baba vom Berge rief
Dem Manne, der die Nacht aus Heiligkeit nicht schlief?:
»Befleiß', o liebes Herz, dich inn'rer Eigenschaften;
Denn von den äußern wird an dir kein Vorteil haften.
Nur solche, welche sind vom Außenwerk erbaut,
Die haben das Gepräg' bis jetzt an dir beschaut.

Was ist ein Diener wert, schön wie ein Himmelskind,
Dem unter dem Gewand aussätz'ge Glieder sind?
Ins Paradies kannst du mit Kunst dich stehlen nicht;
Den Schleier zieht man dir vom häßlichen Gesicht.«

*

Ein Unerwachsener wollt' eines Tages fasten;
Schwer bis zur Frühmahlzeit trug er des Fastens Lasten.
Sein Führer brachte heut' ihn nicht zur Schule hin;
So großes Wunder nahm des Kleinen Andacht ihn.
Der Vater küßt' auf's Aug', auf's Haupt die Mutter ihn,
Sie streuten auf das Haupt ihm Gold und Mandeln hin.
Doch als nun über ihn der Mittag hergekommen,
Da war in ihm ein Brand der Eingeweid' entglommen.
Er sprach bei sich: »Wenn ich nehm' einen Bissen Futter,
Nicht merken werden es der Vater und die Mutter.«
So richtete sein Blick nur auf die Menschen sich;
Er aß und trank geheim, und fastet' öffentlich.
Nun ist viel törichter als dieses Kind ein Mann,
Der für die Welt den Schein der Frömmigkeit legt an.
Ein Schlüssel zu der Höll' ist das Gebetgepränge,
Das für der Menschen Blick du ziehest in die Länge.
Will du auf ander'm Weg als dem der Wahrheit schreiten,
Wird man auf's Feuer dir den Beteteppich breiten.

*

Ein alter Sünder fiel, so hört' ich, von der Stiegen,
Und in dem Augenblick mußt' ihm die Seel' entfliegen.
Der Sohn begann um ihn zu weinen ein paar Tage,
Dann saß er wiederum mit Freunden beim Gelage.
Den Vater sah er nachts in einem Traumgesicht,
Und fragt' ihn: »Sprich, wie kamst du durch bei dem Gericht?«
Er sagte: »Sohn, davon wird füglicher geschwiegen;

Gefallen bin ich in die Hölle von der Stiegen.« –
Wer ohne Schaugepräng' auf schlichtem Wege geht,
Ist besser als voll Wust im Inner'n ein Asket.
Gefallen laß' ich selbst den nächtlichen Banditen
Mein lieber, als den Schelm im Kleid des Eremiten.
Wer an der Tür der Welt sich Mühe macht und Plage,
Was soll ihm geben Gott für Sold am Jüngsten Tage?
Erwarten darfst du nicht von Amru deinen Lohn,
Wenn du im Haus des Seid tatst deinen Dienst, o Sohn.
Ich glaube nicht, daß je zum Freunde hin sich fand,
Wer nicht auf diesem Weg nach ihm blickt' unver-
wandt.
Geh graden Wegs, so kommst du ins Quartier mit
Glück;
Du bist nicht auf dem Weg, drum bleibest du zurück:
Dem Rind der Kelter gleich, dem man die Augen bin-
det,
Das taglang geht und nachts am selben Ort sich findet.
Den, der dem Hochaltar das Antlitz abgewandt,
Hat als Ungläubigen die Nachbarschaft erkannt;
Du aber betest auch zur Kibla mit dem Rücken,
Wenn auf den Herrn allein nicht deine Wünsche bli-
cken.
Den Baum, von welchem fest im Grund die Wurzeln
kleben,
Den pflege du, er wird dir künftig Schatten geben;
Wenn dir im Grunde nicht der Treue Wurzeln liegen,
Wird niemand als du selbst dich um die Frucht betrü-
gen.
Wer seinen Samen streut auf steiniges Gelände,
Zur Zeit der Ernte kommt kein Korn ihm in die Hände.
O lege Wert nicht bei dem Schein der Heuchelei;
Denn diesem Wasser wohnt der Schlamm im Grunde
bei.
Wenn im Verborgenen du unnütz bist und böse,
Was hilft dir's, daß du deckst mit gutem Schein die
Blöße?
Leicht ist's, mit Heuchelei die Kutte wohl zu flicken,
Wenn du nur Gott damit vermöchtest zu bestricken.

Was wissen Menschen, wer steckt in des Kleides Fal-
ten?
Der Schreibende nur weiß, was in dem Brief enthalten.
Was kann ein Sack voll Wind dort haben für Gewicht,
Wo die Gerechtigkeit die Waag' hält im Gericht?
Der Gleisner, der so voll von frommen Wesen stak,
Als man es recht besah, war nichts in seinem Sack.
Des Kleids Auswendig schmückt man mehr als sein
Inwendig;
Denn dieses bleibt verdeckt, und das sieht man bestän-
dig.
Ein Edler aber ist um's Ansehn ohne Sorgen,
Und Seidenfutter trägt er im Gewand verborgen.
Doch wenn du auf der Welt willst machen ein Geschrei,
Leg' außen Seiden an, was drein gestopft auch sei.
Zum Scherz ist nicht dies Wort von Bayezid gekom-
men:
»Dem Leugner trau' ich eh'r als dem gefliss'nen From-
men,« –
Sultane, Schahinschah' und aller Fürsten Chor
Sind miteinander nur die Bettler hier am Tor.
Vom Bettler suchet nichts, wer Sinn hat und Verstand;
Wer hält an dem sich, der gefallen, mit der Hand?
Hast du auf Gott im Dienst gerichtet dein Gesicht,
Ob auch dich Gabriel nicht sehn mag, schadet's nicht.
Sohn, nütz' ist dir der Rat von Saadi früh und spat,
Wenn du ins Ohr ihn nimmst wie eines Vaters Rat.
Wenn du Gehör nicht jetzt wirst meinen Worten geben,
O mögest du es nicht bereu'n in jenem Leben!
Wenn einen besseren Berater du verlangst,
Ich weiß nicht, was du einst nach meinem Tod erlangst;
Schwer ist ein besserer Berater dir gesucht,
O Bruder pflücke dir von diesem Baum die Frucht!

*

Pforte

Genügsamkeit

Der kennt nicht Gott und hat ihm nie gedient hienieden,
Wer nicht mit seinem Los und Anteil ist zufrieden.
Zufriedenheit allein macht einen Menschen reicher;
Sag das dem gierigen unsteten Weltdurchstreicher.
Nimm eine Ruh' dir vor, o ruheloser Mann;
Weil auf dem Stein, der rollt, das Gras nicht wachsen kann.
Nähr' nicht den Bauch, wenn lieb dir ist des Geists Behagen;
Denn so wie du ihn nährst, so hast du ihn zu tragen.
Wer da vernünftig ist, Tugenden nähren mag er;
Denn wer da nährt den Leib, wird an der Tugend mager.
Zum Menschlichen gelangst du erst, wenn du in dir
Hast Schweigen auferlegt dem Hunde der Begier.
Der Tiere Laufbahn ist, zu schlafen und zu essen;
Nur Unvernünftigen ist so der Kreis gemessen.
Heil dem Glückseligen, der einen Winkel kürt,
Und einen Vorrat von Erkenntnis bei sich führt.
Wem das Mysterium der Wesenheit erschien,
Das Nichtige vermag nicht zu bestechen ihn;
Doch wer die Finsternis nicht scheidet von dem Licht,
Kennt Huriwangen vom Dämonenantlitz nicht.
Selbst in die Grube hast du dich gestürzt, o Leiden,
Weil Grub' und Weg du nicht wußtest zu unterscheiden.
Wie soll zu Himmelshöh' dein Edelfalke dringen,
Wenn du den Stein der Lust ihm bindest an die Schwingen?
Doch wenn du aus der Hand der Lüste seinen Saum
Losmachest, fliegt er bis zum Paradiesesbaum.
Wer minder isset, als er war gewohnt zuvor,
Hebt stufenweise sich zu Engelsart empor.
Der Leu ist nicht sofort zum Engel aufgestiegen,
Vom tiefsten Abgrund kann man nicht zum Himmel fliegen:

Menschlichen Wandels mußt du dich befleißen erst,
Bis du auf Engelsart deine Gedanken kehrst.
Du reitst ein junges Roß von böser Zucht, gib acht,
Daß es nicht seinen Kopf entziehe deiner Macht.
Denn, wenn es dir den Zaum hat aus der Hand gebro-
chen,
Zerquetscht es sich den Leib und schmettert dir die
Knochen.
Wenn du ein Mensch willst sein, genieß' ein Mahl mit
Maß;
So vollen Bauchs, bist du eine Mensch? bist du ein Faß?
Raum hat darin die Kost, das Denken und der Atem;
Du aber denkst, es sei für's Brot allein ein Gadem.
Zwei Augen und ein Bauch, die du nie füllen kannst;
Viel besser hältst du leer den windungsreichen Wanst,
Der wie die Höll' ist, die mit der Verdammten Heer
Man füllt sie aber schreit beständig: Kommt nicht
mehr?
Den Jesus in dir mag die Magerkeit verzehren,
Du bist allein bedacht, den Esel wohl zu nähren.
O siehst du etwa nicht, daß jedes wilde Tier
In Schlingen nur gerät durch seine Freßbegier?
Der Tiger, dessen Stolz hervorragt über alle,
Gerät alswie die Maus durch Freßlust in die Falle.
Bei wem du wie die Maus magst Brot und Käse na-
schen,
Dem gehest du ins Netz, sein Pfeil wird dich erhaschen.

*

Mir schenkt' ein Kämmerer 'nen Kamm von Elfenbein:
»Mög' allen Kämmerern Gott ewig Huld verleihn!«
Dann hört' ich, daß einmal er einen Hund mich hieß,
Weil ich an seiner Huld ich weiß nicht was verstieß.
Da warf ich weg den Kamm: »Ich brauche nicht dies
Bein,
Und will von dir ein Hund genannt nicht wieder sein.«
–
Nie hab' ich, seit ich mir ließ meinen Essig munden,

Vom Herrn der Süßigkeit Demütigung empfunden.
Seel', übe G'nügsamkeit, und groß sei dir dein Kleines,
Damit du künftig Fürst und Bettler siehst als eines.
Warum mit Bettelgruß gehst du den Chosru an?
Tu die Begierde weg, und du bist Chosru dann.
Und frönst du der Begier, so mach den Bauch nur gar
Zum Trog, und jede Tür der Reichen zum Altar.

*

Mir ward erzählt, ein Mann trat dem Charesmeschah,
Getrieben von Begier, am frühen Morgen nah.
Wie er ihn sah, macht' er sich krumm und wieder grad,
Und richtete sich auf vom Fußfall, den er tat.
Zu diesem sprach sein Kind:»Lieb Väterchen, o sage,
Antwort erteile mir auf eine Zweifelsfrage:
Sprachst du nicht, dorthin sei die Kibla nach Hidschas?
Und richtest dein Gebet nun hieher? wie ist das?« –
Sei mit lustfrönender Begierde nicht im Bunde;
Denn deren Kibla liegt woanders jede Stunde.
Genügsamkeit erhöht das Haupt, hoch ehre sie;
Ein Haupt voll Gier erhebt sich von der Schulter nie.
Gier hat zur G'nüge dir der Ehre Naß verschüttet,
Den Schoß voll Perlen um ein Körnlein Fraß verschüt-
tet.
Da aus dem Wasserbach du satt dich trinken kannst,
Erniedrige dich nicht um Eis für deinen Wanst.
Vielleicht der Weichlichkeit lernst du noch zu entsagen,
Wonicht, so mußt du stets von Tür zu Tür anfragen.
Geh, Freund, und zieh die Hand deines Verlangens ein,
So wird nicht nötig dir des Reichen Ärmel sein.
Wer nur der Wünsche Blatt fein läßt gefaltet bleiben,
Der braucht an keinen Herrn »Diener und Knecht« zu
schreiben.
Der Anspruch macht, daß man dich weist aus jedem
Kreise;
Weis' ihn selbst von dir weg, daß niemand weg dich
weise.

*

Der Vielfraß hat die Last von seinem Bauch zu tragen;
Und fand er keinen Fraß, so trägt er Mißbehagen.
Des Bauches Diener trifft oft der Beschämung Schmerz;
Lieber ist mir der Bauch verenget als das Herz.

*

Sei mit dem Weibe nicht unmäßig im Verkehr;
Bist du nicht rasend, zück auf dich nicht deine Wehr.
Begierden über der Natur Verlangen reizen,
Heißt mit Verlangen nach dem eig'nen Tode geizen.

*

Von Basra hab' ich ein Geschichtchen mitgebracht,
Ein wundersüßes, das Datteln zuschanden macht.
Wir gingen, ein'ge Mann, zusammen im Gewand
Ehrbarer Leute hin an eines Palmhains Rand;
Doch einer von der Zahl war seinem Bauch ergeben,
Weil er ein Fresser war, vergeudet' er sein Leben.
Er schürzte sich, der Wicht, und klomm den Baum hin-
an:
Er fiel auf seinen Hals, und hatte g'nug daran.
Des Dorfes Obman kam: »Wer hat den Mann erschla-
gen?«
Ich sprach: »Du brauchst darum so barsch uns nicht zu
fragen.
Sein Wanst hat ihm den Saum geschlungen an den
Baum;
Von weitem Magen wird verengt des Herzens Raum.«
–
Nicht stets von Datteln gilt's: verschlungen und ent-
sprungen;
Zuweilen trifft sich's so: verschlungen und zersprun-
gen.
Der Bauch ist Fessel an der Hand und Kett' am Fuß;
Des Bauches Diener dient dem Herren mit Verdruß.

Die Heuschreck' ist ganz Bauch; darum sie solcher-
weise
Am Fuß gezerrt wird von kleinbauchiger Ameise.
Geh und bereite dir in Inn'res leer und rein;
Zu füllen ist der Bauch mit Erde nur allein.

*

Ein Sufi war der Knecht von Bauch und Fleischeslust;
Zwei Taler hatt' er, die er dafür ausgab just.
Als von den Freunden ihn vertraulich einer fragte:
»Mit den zwei Talern was hast du gemacht?« er sagte:
»Das Rückenmark hab' ich mit einem angeregt.
Und habe für den Bauch den ander'n angelegt.
Doch eine Schlechtigkeit und Torheit war's, nichts
mehr;
Denn dieser ward nicht voll, und jenes ward nicht
leer.«

*

Rohrzucker trug umher auf seinem Brett ein Krämer,
Sich wendend rechts und links, damit er fänd' Abneh-
mer.
Zu einem weisen Mann sprach er an Dorfes Ende:
»Nimm und bezahl mich, wann dir Geld kommt in die
Hände.«
Da gab der Treffliche, von rechter Einsicht voll,
Die Antwort, die man vor die Augen schreiben soll:
»Du hättest etwa nicht Geduld mit meiner Schuld:
Vor deinem Zuckerrohr hab' ich jedoch Geduld.« –
In seinem Rohre hat nicht Süßigkeit der Zucker,
Wenn bitter hinterher die Mahnung kommt dem Schlu-
cker.

*

Einst ward beschenkt ein Mann besonnen und beschei-
den

Vom Emir von Choten mit einem Stücke Seiden.
Er leg' es an, darauf küßt' er die Erd' und sprach:
»Dem Weltgebietenden sei Heilgruß tausendfach.«
Vor Freude lachend blüht' er wie ein Rosenblatt,
Dann küßt' er ihm die Hand und sprach an selber Statt:
»Schön ist das Ehrenkleid des Schahes von Choten,
Doch meinen Kittel hier nenn' ich den schöneren.« –
Wenn frei du sein willst, schlaf am Boden auf der Erde;
Den Boden küsse nicht, daß dir ein Kissen werde.

*

Es war ein Mann, der nur zum Brot die Zwiebel aß,
Weil er nicht Geld und Gut wie mancher sonst besaß.
Ihm sagt' ein Törichter: »Kriechender im Staube,
Geh, hol dir ein Gericht von des Freimahles Raube.
Begehr und heische nur, und sei nicht scheu mit Bitten;
Denn dem Verschämten ist die Nahrung abgeschnit-
ten.«
Da schürzt' er sein Gewand und schwang den Arm mit
Pochen;
Zerrissen ward sein Rock und ihm der Arm zerbro-
chen.
Ich hörte, wie er sprach und weinte laut'res Blut:
»Wie ist zu helfen dem, was man sich selber tut?
Sein eig'nes Unheil sucht der Sklave der Begier;
Bei Brot und Zwiebel bleib' ich künftig im Quartier.« –
Ein Gerstenbrot, verzehrt vom Fleiße meiner Hände,
Ist besser als gereicht von fremdem Tisch die Spende.

*

Bei einer alten Frau war eine Katz' im Haus,
Erbärmlich ging es ihr, und ärmlich war ihr Schmaus.
Da rannte sie einmal zum Gasthaus vom Emir;
Der Fürstenknechte Troß mit Pfeilen schoß nach ihr.
Sie sprang heraus, indes das Blut vom Leib ihr lief,
Und rannt' in Todesangst davon, indem sie rief:
»Wenn ich den Schützen hier entrinn' und bin zu Hau-

se,
So bleib' ich bei der Maus in meiner alten Klause.« –
Der Honig, liebes Herz, ist nicht der Stacheln wert,
Besser Genügsamkeit, die sich von Molken nährt.
Mit jenem Diener ist der Herr nicht wohl zufrieden,
Dem nicht der Teil genügt, den ihm der Herr beschie-
den.

*

Als in des Kindes Mund die ersten Zahn' entsprangen,
Da ließ gedankenvoll den Kopf der Vater hangen:
»Woher nun soll das Brot und Mus dem Kind entsprie-
ßen?
Und unbarmherzig wär's, wenn wir es hungern lie-
ßen.«
Da ratlos er das Wort vor seinem Weibe sprach,
Nun sieh, wie männlich sie des Mannes Zweifel brach:
»Laß dir vom Teufel Angst nicht machen für sein Le-
ben;
Der ihm die Zähne gab, wird auch das Brot ihm ge-
ben.« –
Reich ist doch wohl genug, der schuf des Tages Licht,
Dir auch des Tages Brot zu geben; sorge nicht.
Und der im Mutterleib das Kind gezeichnet hat,
Schreib auch den Unterhalt ihm auf des Lebens Blatt.
Der Herr, der nur gekauft den Knecht, wird ihn mit
Recht
Erhalten, wie viel mehr, der selbst erschuf den Knecht.
Hast du soviel Vertrau'n zu deinem Schöpfer nicht,
Als selbst zu seinem Herrn ein Knecht hat Zuversicht?

*

Du hast ja wohl gehört, daß vormals Stein und Sand
Zu Gold und Silber ward in eines Heil'gen Hand.
O denke nicht, dies Wort sei der vernünft'gen keines;
Wenn du genügsam bist, ist Sand und Silber eines.
Sag' doch dem Derwisch, der nach Sultans Gnaden jagt,

Daß mehr der Sultan als der Derwisch ist geplagt.
Ein halber Groschen macht den Bettler schon halb satt,
Und den Feridun kaum ganz Babylon halb satt.
Herrschaft von Volk und Land befreit kein Herz vom
Grame;
Der Bettler ist ein Fürst, und Bettler nur sein Name,
Der Bauer und sein Weib, sie schlafen sanft und tief,
Süß wie der Sultan nie in seinem Schlosse schlief.
Wenn weggespült vom Strom des Schlafs jedwedes
wurde,
Wer ist Schah auf dem Thron, wer in der Wüst' ein
Kurde?
Ob hier ein Padischah, dort ein Schuhflicker lag,
Die Nacht des einen wie des ander'n wird zum Tag.
Wenn du den Reichen siehst, das Haupt von Hochmut
trunken,
Geh, Armer, und bet' an, vor Gott in Staub gesunken;
Dank ihm, daß er die Macht nicht gab in deine Hände,
Daß eines ander'n Weh aus deiner Hand entstände.

*

Ich hört' erzählen, daß ein sinn'ger guter Mann
Nach seines Leibes Maß ein Haus zu bau'n begann.
Zu diesem sprach ein Freund: »Ich weiß, daß du mit
Fug
Bau'n kannst ein bess'res Haus.« Doch jener sprach:
»Genug!
Was soll ich ein Gebäud' empor zum Himmel bäumen?
Auch dieses ist dazu genug, um es zu räumen.« –
Mein Knabe, baue dir kein Haus an Gießbachs Rande;
Denn niemand noch war fest zu bauen dort im Stande.
Der Weisheit und Vernunft, der Einsicht ist's entgegen,
Daß sich ein Reisender ein Haus bau' auf den Wegen.

*

In Herrschaft stand ein Mann, der hoch war angesehn,
Doch seine Sonne sah er bergwärts niedergehn.

Da ließ er einem Scheich die Herrschaft über's Land,
Weil sich in seinem Haus kein Stellvertreter fand.
Wie der Einsiedler hört die Herrschaftspauke schlagen,
Will in der Siedelei die Rast ihm nicht behagen.
Mit Mannschaft rechts und links er auszuzieh'n begann.
Und der Beherzten Herz vor ihm zu flieh'n begann.
Ihm wuchs der Fäuste Schärf und seines Armes Wucht,
Mit allen Streitern hat er Kampf und Streit gesucht.
Von dem verstörten Volk hieb er ein Teil in Stücken,
Die ander'n schlössen fest zusammen Rat und Rücken,
Und schlössen endlich so in eine Fest' ihn ein,
Daß seine Kraft erlag vor Wurfgeschoß und Stein.
An einem frommen Mann ging da von ihm der Bot':
»O spring mir bei! ich bin bedrängt und hart in Not.
Mit Herzwunsch und Gebet sei tätig für mein Heil;
Denn nicht in jedem Kampf entscheidet Schwert und
Pfeil.«
Der Fromme hörte das, er lacht' und sprach dazu:
»Ei, warum aß er nicht ein halbes Brot in Ruh!« –
Karun erkannte nicht, berückt von Eigennutz:
Der Schatz der Rettung liegt in nied'rer Hütten Schutz.

*

Der Edelmüt'ge trägt den Wert in seinem Mut;
Gering ist der Verlust, verliert er Geld und Gut.
O glaub' nicht, daß ein Wicht, wird er wie Karun reich,
Die Niederträchtigkeit auszieh' damit zugleich.
Doch hab' ein Edelmut Ausübender kein Brot,
Den Reichtum des Gemüts entzieht ihm keine Not.
Der Gott, der aus dem Staub den Menschen ließ entstehn;
Meinst du, daß Menschlichkeit er läßt zugrunde gehn?
Ja, wenn aus Rang' und Würd' ein Niederträcht'ger fällt,
Ein halbes Wunder wär's, würd' er neu hergestellt;
Doch, wenn ein Stein von Wert du bist, kein Gram dich nage!

Verlorengehen läßt dich nicht der Lauf der Tage.
Am Wege liegen mag vielleicht ein Ziegelstück;
Du siehst nicht, daß danach tut jemand einen Blick.
Doch aus der Schere Mund kein Blättchen Goldes klein
Mag fallen, ohne daß man's sucht bei Kerzenschein.
Selbst aus Gestein bringt man das Glas hervor; getrost!
Der Spiegel wird bedeckt nicht bleiben unter'm Rost.
Du brauchst nur Frömmigkeit und Tugend, Wert und
Mut;
Denn mit der Zeit kommt, mit der Zeit geht Ehr' und
Gut.
Die Kunde hört' ich in der Redekund'gen Kreise,
Daß vormals in der Stadt hier war ein alter Greise,
Des Augen manchen Schah und Herrschaftswechsel
sahn,
Manch Menschenalter durch, von Amrus Zeiten an.
Dem alten Baume war ein Früchtchen jung entsprossen,
Von dessen Schönheit laut schrien alle Stadtgenossen:
»O Wunder über's Kinn von solchem Herzensdieb!
Wer sah Zypressenwuchs, der einen Apfel trieb?«
Dem jungen Schalk das Spiel mit Menschenruh zu
wehren,
Fiel es dem Alten ein, das Haupt ihm kahl zu scheren.
Mit hoffnungkürzenden betagten Messers Rand
Macht' er so glänzend ihm das Haupt wie Moses'
Hand.
Der Hitzkopf, dessen Herz von Eisen war, den Schönen
Mit Periwangen hub er scharf an zu verhöhnen.
Weil solcher Schönheit er ein Härchen abgekappt,
Ward ihm der Kopf sogleich in seinem Bauch ge-
schnappt.
Der Schöne ließ vor Scham alswie die Laute hängen
Den Kopf, von dem herab fielen der Stränge Längen.
Dem Liebenden, der hart' auf ihn das Herz gewandt,
Das Herz in Tränen gleich des Schönen Augen stand.
Da sprach zu ihm ein Freund: »Unbill hast du erfahren
Und Schmerz; die Leidenschaft, die eitle, laß nun fah-
ren!
Tu' wie ein Schmetterling, und ihm den Rücken kehre,

Da seiner Schönheit Kerz' erlegen ist der Schere.«
Der rüstig Liebende ließ einen Seufzer steigen:
»Die Unbeständigkeit«, sprach er, »ist Rohen eigen.
Anmutig muß ein Knab' und hold sein von Gebaren;
Mag sich der Vater dann vergreifen an den Haaren!
Ins Leben über ist die Liebe mir gegangen,
Und nicht an einem Haar wird mein Gemüte hangen.«
–

Hast du ein schön Gesicht, so laß dich's nicht verdrie-
ßen
Das Haar wird, wenn es dir entfiele, wieder sprießen.
Auch nicht die Rebe hat beständig frisches Laub,
Bald gibt sie Früchte, bald ihr Blatt dem Wind zum
Raub.
Ein Edler fällt wohl in Verhüllung gleich der Sonnen,
Sein Neider aber fällt wie Aschen in den Bronnen.
Die Sonne kommt hervor aus Wolkenhüllen wieder,
Im Brunnen aber sinkt die Asch' allmählich nieder.
Erschrick vor'm Dunkel nicht, o Mann des hohen Stre-
bens;
Denn in dem Dunkel ist vielleicht der Quell des Lebens.
Fand der Erschütterung nicht Ruhe Meer und Land?
Und reiste Saadi nicht, bis seinen Wunsch er fand?
D'rum quäle nicht dein Herz, ob dir dein Wunsch ver-
sage;
Denn schwanger ist die Nacht, o Bruder, mit dem Tage.

*

Pforte

Zucht und Lehre

Ein Mann von schlichter Sitt' und schlechtem Ordens-
kleid
Lebt' einst in Misr und hielt Stillschweigen lange Zeit.
Verständ'ge Männer sah man gleich den Schmetterlin-
gen

Nach Licht begierig ihn von nah und fern umringen.
Einst in der Nacht hatt' er Gedanken gegen Morgen:
»Unter der Zunge bleibt der inn're Mensch verborgen.
Wenn ich den Alten so an mich halt' immerhin,
Wie merken Leute denn, daß ich ein Weiser bin?«
Er sprach, da leuchtet' es so Freund als Feinden ein:
Unwissender als er war nichts als er allein.
Sein Hof zerstreute sich, die Herrlichkeit verschwand;
Er ging auf Reisen und schrieb an eines Tempels Wand:
»Hätt' ich mein Angesicht im Spiegel recht geprüft,
Im Unverstand hätt' ich den Schleier nicht gelüft.
So häßlich wie ich bin, hob ich des Schleiers Falten,
Weil ich mich selbst so schön von Angesicht gehalten.«
–
Wer minder redet, dem ist leichter Ruf verliehn;
Sprachst du und Beifall ward dir nicht, so magst du
fliehn.
Wohl mag die Schweigsamkeit, o Mann der Geistesfül-
le,
Deinen zur Würde dir, Unwürdigen zur Hülle.
D'rum wenn du weise bist, gib nicht dein Anseh'n
preis;
Und wenn du bist ein Tor, nicht deinen Schlei'r zerreiß'.

*

Ein Mann begann im Streit Unziemliches zu sagen,
Darüber packte man ihn mit der Hand am Kragen.
Er kriegte Schlag' und nahm mit Weinen nackt die
Flucht;
Ein Welterfahr'ner sprach: »O Mann der Eigensucht:
Hättest du deinen Mund geschlossen wie die Knospe,
Sähst du dein Hemde nicht zerrissen wie die Rose.« –
Ein Unbesonnener läßt hohle Worte tönen
Gleich der ruhmredigen hirnlosen Trommel Dröhnen.
Das Feuer, siehst du wohl, ist weiter nichts als Zunge;
Mit etwas Wasser dämpft man es im hohen Schwünge.
Wenn Tugend in der Tat ist einem Mann verlieh'n,
So spreche nicht der Mann, die Tugend spricht für ihn.

Wer reinen Muskus führt, braucht keinen Lobesspruch;
Denn wenn dem so ist, macht es ruchbar der Geruch.
Zu schwören einen Eid: »mein Gold ist extrafein«,
Wozu das? selber tut mir's kund der Probestein.
Der tausend Neider Chor mag schelten: »Ungefällig
Ist Saadi, keineswegs umgänglich und gesellig.«
Ich muß es leiden, daß sie mir das Fell zerpflücken,
Doch lass' ich nicht das Hirn von ihnen mir zerstücken.

*

Zum Scheich Da'ud von Tai ein Schüler kam mit Kunden:
»Ein Ordensbruder ward von mir berauscht gefunden,
Sein Kopfbund und ein Hemd besudelt von Gespei,
Es drängte sich um ihn ein Rudel Hund' herbei.«
Wie den Bericht vernahm vom jungen Mann der Alte,
Zog über sein Gesicht er des Verdrusses Falte.
Er grollt' erst eine Weil', und sprach dann: »O Geselle,
In solcher Lag' ist recht ein guter Freund zur Stelle.
Geh hin und bring ihn aus dem garstigen Zustande,
Verpönet im Gesetz, im Orden eine Schande.
Nimm auf die Schultern ihn alswie ein Mann; dieweil
Ein Trunkner nicht vermag zu sorgen für sein Heil.«
Der Hörende, des Herz eng ward von dem Gebot,
Versank in Sinnen wie der Esel in dem Kot;
Nicht Mut, sein Ohr dem Wort des Meisters zu entrücken,
Noch Lust, den trunknen Mann zu nehmen auf den Rücken.
Ein Weilchen wand er sich und wußte keine Rat,
Und sah, sich zu entziehn dem Auftrag, keinen Pfad.
Da schürzt' er sich und ging, und huckte willenlos
Ihn auf, und um ihn her war all die Stadt ein Tos.
Der eine schimpfte: »Seht, ein Derwisch kommt vom Schmause;
O diese frommen Leut' in ihrer strengen Klause!«
Ein andrer schrie: »Seht an die Sufis, die der Butte
Zusprachen und beim Wirt versetzten ihre Kutte.«

Sie deuteten nach dem und jenem mit der Hand:
»Der da ist ganz bezecht, und der halb angebrannt.«
Ein Schwert von Feindes Grimm ob deinem Nacken sei
Dir lieber als Geschmäh der Leut' und Volksgeschrei.
Schlecht ging's ihm, einen Tag voll Qualen stand er aus,
Und notgedrungen trug er jenen in sein Haus.
Nicht schlafen ließ ihn nachts der Ärger und die
Schmach;
Der Meister aber lacht' ihn morgens an und sprach:
»Mach deines Bruders Schmach nicht ruchbar auf der
Gasse,
Daß man dich in der Stadt nicht ruchbar werden lasse.«

*

Vom Guten sage du und auch vom Bösen nie
Was Böses, junger Mann, dem Gott Verstand verlieh.
Denn nur zum Feinde machst du dir den bösen Mann;
Und wenn er gut ist, hast du Böses selbst getan.
Sagt jemand dir: das ist ein übeler Gesell:
So denke du: er steckt in seinem eignen Fell.
Das Tun des Bösen braucht von dir nicht Kommentar,
Es macht die böse Tat von selber schon sich klar.
Wenn immer sich dein Mund zu böser Red' auftut,
Sei auch die Rede wahr, doch bist du selbst nicht gut.

*

Ich hört', ein Räuber aus der Wüste kam hervor
Zu Sistan an die Stadt und trat daselbst ins Tor.
Er kaufte Proviant vom Händler jener Gassen,
In schlimmen Handel hatt' er da sich eingelassen.
Der Händler stahl dabei ihm einen halben Dang,
Darob das Wehgeschrei des argen Diebs erklang:
»O Gott, verdamme nicht den näch'tgen Dieb zur Glut,
Weil Schlimmeres am Tag ein Sisetaner tut.
Ich bin bei solchem Werk in steter Furcht bei Nacht,
Und der hat's ohne Scheu am hellen Tag vollbracht.«

*

Zu einem Sufi sprach ein Freund mit Freundesblicken:
»O weißt du nicht, was der von dir sagt hinter'm Rü-
cken?«
Doch jener sagte: »Schweig, o Bruder, bis man fragt;
Am besten ungewußt bleibt was der Feind gesagt.« –
Die mir des Feindes Gruß dienstfertig tragen her,
Ich sehe wohl, sie sind mir feindlicher als er,
Zum Freunde wird das Wort des Feindes keiner tragen,
Der nicht in Feindlichkeit mit ihm sich hat vertragen.
Der Feind hat nicht gewagt das Kränkende zu spre-
chen,
So daß durch's Hören es das Herz mir könnte stechen;
Du aber wirst der Feind, der in den Mund es wagt
Zu nehmen: »Also hat heimlich dein Feind gesagt.«

*

Beim Schah Feridun stand in Ansehn ein Wesir,
Begabt mit hellem Blick und reiner Sitte Zier.
Die Gnade Gottes nahm er vordersamst in acht,
Und auf des Herrn Gebot war er sodann bedacht.
Das Volk bedrücken mag ein schlechter Hausverwalter;
Es ist des Staates Hort, der Reichsschätz' Unterhalter.
Wenn nicht zu Gott empor des Dieners Augen blicken,
Wird er vom eignen Herrn ihm das Verderben schi-
cken. –
Zum König trat ein Mann am frühen Morgen ein:
»Neu möge jeder Tag dir Ruh' und Lust verleihn!
Hör arglos, und vernimm den guten Rat von mir:
Ein Feind dir insgeheim ist dieser Großwesir.
Nicht einer deines Heers ist vornehm noch gering,
Der Gold und Silber nicht von ihm zu Borg empfing.
Auf den Beding, daß, wenn des Schahes Hoheit nieder
Gestreckt der Tod, sie Gold und Silber gäben wieder.
Der Eigensüchtige wünscht drum dir nicht das Leben,
Es würd' ihm sonst sein Geld ja nicht zurückgegeben.«
Da richtete der Schah mit Strafeblick sofort

Sein Aug' auf den Wesir, des Reiches edlen Hort:
»O der du von Gestalt den Heuchlern dich vereinest,
Wiewohl du äußerlich gefällig mir erscheinest;
Von außen zeigst du dich als ein so Liebevoller,
Warum im Innern bist du mir ein Übelwoller?«
Da küßte der Wesir den Boden vor dem Thron,
Und sprach: »Weil du gefragt, muß ich's nun sagen
schon:
Ich hab', o Padischah, von hoher Mannesehre,
Gewünscht, daß immerfort das Volk dein Heil begehre;
Weil meines Darlehns Frist ich setzt' auf deinen Tod,
Wünscht langes Leben dir, wen jene Frist bedroht.
Ist dir's nicht lieb, daß nun mit brünstigem Gebet
Das Volk ein blüh'ndes Haupt und Wohlsein dir er-
fleht?
Die Segenswünsche pflegt als Heil man anzuschlagen,
Um gegen Schicksalspfeil' als Panzer sie zu tragen.«
Froh rührte, was er sprach, des Schehriars Gemüt,
Und seine Wange war der Rose gleich erblüht.
Von Rang und Würde, da der Treue stand zuvor,
Rückt' er zu höher'm Rang und Würden ihn empor.
Den Neider aber ließ er den Verweis hinnehmen,
Daß er sich seiner Red' in Zukunft mußte schämen. –
Nie wirrer war der Kopf, der Glücksstern düsterer,
Das Glück verkehrter als dem Ohrenflüsterer,
Der, unerständig und stumpfsinnig wie er ist,
Wirft mitten zwischen zwei Befreundete den Zwist;
Wann miteinander gut dann beide wieder sind,
Steht in der Mitten er verwirrt von Scham und blind.
Ein Feuer zwischen Zwei'n anschüren, ist zu nennen
Nur Unvernunft, um selbst dazwischen zu verbrennen.

*

Ein Weib, das fromm und schön und willig ist zugleich,
Macht einen armen Mann wie einen Sultan reich.
Geh, schlag vor deiner Hütt' alswie vor'm Fürsten-
schloß
Die Pauken, wenn dir ward ein treuer Hausgenoss'.

Wenn du den ganzen Tag mußt sorgen, sorge nicht
Wenn nachts im Schoß dir ruht, was alle Sorgen bricht.
Wer hat ein wohnlich Haus und wonn'gen Hausgenossen,
Dem ist ein Gnadenblick des Himmels zugeflossen.
Von Sittsamkeit verhüllt, ein schönes Angesicht,
Entschleiert es sich dir, umfangt dich Himmelslicht.
Der hat von dieser Welt des Herzens Wunsch erschaut,
Mit dem herzeinig ist ein liebes Herzenstraut.
Ist sie von Sitten rein, von Worten sanftgeschlacht,
So hab' auf Häßlichkeit und Schönheit minder acht.
Ein Weib von sanfter Art, nicht schön von Antlitz wähle;
Denn Freundlichkeit verhüllt des Angesichtes Fehle.
Sie nimmt aus Gattenhand Essig für Zucker hin,
Und isset Zucker nicht mit essigsaurer Mien'.
Ein wohlgesinntes Weib ist eine Herzerquickung,
Doch vor dem bösen Weib bewahr' uns Gottes Schickung!
Ist mit der Elster eingesperrt der Papagei,
So rechn' er's für ein Glück, wird er vom Käfig frei.
Lauf in die weite Welt, und wiss' nicht aus noch ein,
Oder zu Haus ergib dich in Geduld darein.
Doch besser sitzen in des Kadi Schuldgefängnis,
Als in dem eignen Haus genüber der Bedrängnis.
Besser ist barfuß gehn, als ein zu enger Schuh,
Besser Reis' ungemach als Hauses Kriegsunruh.
Verreisen ist ein Fest für einen Ehemann,
Der ein unholdes Weib in seinem Haus gewann.
Dem Hause schließe du der Lust und Freude Hallen,
Aus dem du hörest laut des Weibes Stimme schallen.
Wenn auf des Mannes Wort nicht hört der Sittenlose,
Da möge nur der Mann anziehn die Frauenhose.
Das Weib, schlägt es den Weg zum Markt ein, sollst du schlagen
Sonst wirst du selbst im Haus das Weib und darfst nicht klagen.
Ein töricht Weib, das umgeht mit Unehrlichkeit,
Wer das hat, hat ein Leid und nicht ein Weib gefreit.

Wenn ein Maß Gersten es hat treulos unterschlagen,
So magst du nur Valet dem Weizenhaufen sagen,
Doch jenem Knecht hat Gott das Beste zugewandt,
Dem er ein Weib verliehn, ehrlich von Herz und Hand.
Wenn einem Fremden sie hat ins Gesicht gelacht,
Sei Anspruch nicht vom Mann auf Mannheit mehr ge-
macht.
Und wenn die Frech' einmal den Braten hat gerochen,
Mag sie nur mit der Faust dem Mann ins Antlitz po-
chen!
Des Weibes Auge soll vor'm fremden Mann erblinden,
Sie soll sich außer'm Haus alswie im Grab befinden.
Sobald du siehest, daß ein Weib nicht fest hält stand,
Ist Nachsicht und Geduld nicht Weisheit und Verstand.
Entziehe sie dem Blick des fremden Augs, und wann
Sie nicht gehorchen will, was ist dann Weib und Mann?
Entflieh aus ihrem Schoß in Krokodiles Rachen,
Denn besser ist der Tod als leben mit dem Drachen.
Wie artig ist das Wort, das jene zwei gesagt,
Die beide waren gleich von einem Weib geplagt!
Der' »Wär' ein böses Weib in keines Mannes Zelt!«
Und der: »O wäre doch kein Weib in Gottes Welt!« –
Nimm dir ein neues Weib Freund, jedes neue Jahr;
Es taugt ein fertiger Kalender nichts fürwahr.
Siehst du bei einem Weib gefangen einen Wicht,
O Saadi, schelte nur zu sehr den armen nicht!
Du selbst hast deine Not, und kannst ihr nicht ent-
fliehn;
Wenn du bei Nacht einmal sie an die Brust willst ziehn.

*

Einst einem Alten klagt' um die Unfreundlichkeit
Des ehelichen Gemahls ein junger Mann sein Leid:
»Ich trage schwere Last von diesem Widerpart,
So schwere wie zuteil dem unter'n Mühlstein ward.«
Doch jener sprach: »Ergib dich in Geduld darein;
Denn keine Schande bringt dem Mann geduldig sein.
Hausstürmer, wenn du nachts der obre bist, o sage,

Warum nicht solltest du der untre sein bei Tage?
Wenn du vom Rosenstrauch hast deine Lust gebrochen,
Ist's billig, daß du auch von Dornen seist gestochen.«

*

Es kam in dieser Stadt die Märe mir zu Ohren,
Daß einen Sklaven schön ein Handelsherr erkoren.
Dem griff er etwa nachts ein wenig an das Kinn;
Ein Silberapfel war's und reizte seinen Sinn.
Der Holde kam in Zorn, und warf jedweden Topf,
Der in die Hand ihm fiel, dem Herren an den Kopf.
Zu Zeugen rief der Mann nun Gott und den Propheten:
»Hinfort soll man mich nicht auf Kinderei'n betreten.«
Nun kam ihm eine Reis' in eben dieser Wochen;
Er reiste sinnverstört, kopfwund und herzgebrochen
Als vor der Karawan' er ein paar Meilen hatte
Zurückgelegt, erschien ihm eine Felsenplatte.
Er fragte: »Sagt mir, wie die graue Feste heißt?
Viel Wunderbar's bekommt zu sehn, wer lebt und
reist.«
Ihm aus der Karawan' antwortet' ein Genoss':
»Wie sollte nicht bekannt dir sein das Türkenschloß?«
Er zitterte, wie er den Namen Türke hörte,
Als ob der Anblick ihn des grimmen Feinds verstörte.
Er sprach zum Obersten des Truppes: »Edler Mann,
Hier, wo wir eben sind, ich bitte dich, halt an!
Ich müßte keinen Gran Verstand im Haupte tragen,
Wollt' ich ans Türkenschloß den Kopf noch einmal wa-
gen.«
Schließ der Begierden Tor! doch, willst verliebt du sein,
Beut deinen Kopf der Keul', und wickl' ihn nicht erst
ein!
Wenn einen Sklaven du im Hause willst erziehn,
Erhalt ihn in Respekt, so magst du nutzen ihn.
Doch wenn des Herrn Zahn die Lipp' ihm wird verlet-
zen,
So wird er sich im Kopf Herrschaftsgedanken setzen.
Zum Sklaven taugt ein Lehmarbeiter, Wasserträger;

Ein Sklave zart und fein wird plötzlich ein Faustschläger.
Nicht überall, wo du siehst reizend einen Strich,
Bilde dir ein, daß er zum Schreiben sei für dich.

*

Beim schönen Liebchen freut sich mancher seines Sitzes,
Der hoher Liebe wohl sich rühmen mag und Witzes.
Du aber frage mich gezwackten vom Geschick,
Wie sehnend nach dem Tisch schaut eines Fasters Blick.
Die Dattelschalen läßt das Schaf sich d'rum gefallen,
Weil unter Schloß und Band ihm ist der Dattelballen,
Und des Ölpressers Rind steckt in das Stroh sein Haupt,
Weil ihm der kurze Strick den Sesam nicht erlaubt.

*

Ein frommer Mann erblickt' einst eine Wohlgestalt
Und Liebe wandelt' ihm den Zustand mit Gewalt.
Darum vergoß der Tropf soviele Tropfen Schweiß,
Wie von Tauperlen trieft ein Paradiesesreis.
An diesem kam vorbei Hippokrates geritten,
Und fragt' Umstehende: »Was hat der Mann erlitten?«
Drauf einer ihm versetzt: »Es ist ein heil'ger Mann,
Dem etwas Sündliches kein Mensch nachsagen kann.
Er wandelt Tag und Nacht in Wald und Wüstenein,
Scheumeidend Weltverkehr und menschlichen Verein.
Doch eine Schönheit kam das Herz ihm einzunehmen,
Und mit des Schauens Fuß geriet er in den Lehmen.
Wenn von den Leuten nun ihn einer schelten will,
So meint er nur: ›Wozu mich schelten? schweiget still!
O sagt nicht, wenn ich klag', es sei dies eine Sünde;
Denn meine Schmerzen sind nicht ohne Krankheitsgründe.
Nicht dieses Bild ist's, das mich um mein Herz betrügt;
Ums Herz betrügt mich Er, der dieses Bild gefügt.‹«

Den Worten hörte zu der Mann, der was erfahren,.
Erzogen und an Geist gereift in langen Jahren;
Er sprach darauf: »Ob auch der Ruf ein guter sei,
Es kommt nicht jedem zu, was du ihm legst bei.
Lag doch dem Bildner selbst dasselbe Bildnis vor,
An das sein Herz verlor der sinnverwirrte Tor.
Warum verliebt er sich nicht in ein tagalt Kind,
Da gleich des Schöpfers Kunst' im Klein und Großen
sind?
Der Wahrheitschauende schaut Gleiches am Kamele
Wie an dem schönsten Bild sinesischer Bildersäle.« –
Ein Schlei'r in diesem Buch von mir ist jeder Strich,
Ein Schleier, der verhüllt ein Antlitz minniglich.
In jedem schwarzen Strich Gedankenklarheit wohnt,
Wie Liebchen in der Hüll' und in der Wölk' ein Mond.
Auf Saadis Blättern hat der Überdruß nicht Platz,
Von welchen ist umfaßt so mancher Schönheitschatz.
Da ich ein solches Wort zu Festmahls Schmuck besitze,
Wie Feuer, das in sich vereinigt Licht und Hitze,
Bang' ich vor'm Feinde nicht, wenn er vor Neide zuckt,
Weil in den Gliedern ihn mein Parsifeuer juckt.

*

Es war ein feiner wohlbegabter junger Mann,
Der in der Predigt sich mannhaft hervorgetan,
Fromm, unbescholten und nicht minder schön: es stand
Nicht seiner Wange Schrift zurück vor der der Hand;
Stark in der Wörterkund', in der Syntax zu Haus:
Doch dem Buchstaben Schin sprach er nicht richtig aus.
Des Mangels wollt' ich einst bei einem Freund erwäh-
nen:
»Dem jungen Manne fehlt es an den vordem Zähnen.«
Da ward er rot vor Zorn im ganzen Angesicht,
Und rief: »Sprich du hinfort so Unverständ'ges nicht.
Was? einen Fehler, den er hat, bemerkest du
Und drückst das Auge vor so mancher Tugend zu?
Die Wahrheit sag' ich dir: daß in der Wahrheit Licht
Gutseh'nde Menschen gar das Böse sehen nicht.« –

Wenn einer, der Verstand, Geist und Besinnung hat,
Mit des Betragens Fuß einst einen Fehltritt tat,
Es wohnen Dorn und Ros', o Freund, in einem Haus;
Was haftest du am Dorn? pflück' einen Rosenstrauß.
Wenn Fehlersucherei dir liegt in der Natur,
So siehest du am Pfau die garst'gen Füße nur.
Erwirb dir Helle, Mann von düster'm Geisteslicht:
Im trüben Spiegel sieht man nicht sein Angesicht.
Such einen Weg, auf dem du selbst der Straf entgehest,
Nicht einen Gegenstand, an dem du Fehler spähest.
Unedler, halte dir nicht fremde Fehler vor,
Indes vor eigenen dein Aug' ist unter Flor.
Wie dürft' ich rügen den, der seinen Saum beschmitzt,
Da ich erkenne, daß mein eigner ist bespritzt?
Mit Strenge ziemt es dir nicht jemand anzuschrein,
Wo mit Auslegung du dir weißt zu helfen fein.
Wo Böses dir mißfällt, erst tu's nicht selber du,
Und rufe »Tu es nicht« dann deinem Nachbarn zu.
Ob mit dem Herzen, ob ich fromm sei mit dem Mund,
Mein Äußeres ist dir, mein Inn'res Gott nur kund.
Wenn ich mit feiner Zucht die Außenseite schmücke,
Zu forschen hast du nicht nach Wahrheit oder Tücke
Du schweige, mag ich gut und mag ich böse sein;
Denn Schaden und Gewinn trag' ich davon allein.
Ob echt mein Wandel sei, ob heuchlerisch mein Kleid;
Gott weiß mehr als du selbst von meiner Heimlichkeit.
Mit Straf um böses Tun magst du solch einem dröhn,
Der zu erwarten hat von dir des Guten Lohn.

*

Ein gutes Werk vollbracht vom gutgesinnten Mann,
Das eine schreibet Gott ihm zehnfaltig an.
Auch du, mein Sohn, an wem du siehest immerhin
Nur eine Tugend, laß ihm gehn zehn Fehler hin.
Und nicht bei einem Fehl bieg einen Finger ein,
Und laß für nichts ein Heer von Trefflichkeiten sein,
Dem Feinde gleich, der auf das Lied von Saadi sieht
Mit Widerwillen aus verdorbenem Gemüt.

Für hundert Sprüche fein und zart hat er kein Ohr;
Doch sieht er ein Versehn, so schreit er laut empor.
Was fehlt ihm denn, der so des Bösen ist beflissen?
Das Aug' für's Gute hat der Neid ihm ausgerissen.

*

Pforte

Dank

Dem Freund zu danken, wie kann ich's zu denken wagen!
Ich habe keinen Dank, der wert war' ihm zu sagen.
An meinem Leib ist sein Geschenk ein jedes Haar;
Für jedes Haar wie bring' ich einen Dank ihm dar?
Lob sei gesagt und Preis dem Herrn der Huld und Macht,
Der seinen Knecht vom Nichts ins Dasein hat gebracht.
Wem eignet Schilderung des höchsten Wesenhaften,
In dessen Wesen sind versenkt die Eigenschaften?
Ein Künstler, der aus Erd' ein Bild macht wie aus Erz,
Dem er Verstand und Sinn und Seele gibt ins Herz.
Von Vaterlenden an bis zu der Greisheit Schwelle,
Sieh wieviel Zuflüss' er dir gab aus heil'ger Quelle!
Rein wie er dich erschuf, gib acht und fall' nicht ab
Von Reinheit; es ist Schmach, unrein zu gehn ins Grab.
Auf frischer Spur mußt du den Staub vom Spiegel wischen;
Wenn erst der Rost ihn fraß, kann nichts den Glanz erfrischen.
Warst du im Mutterleib ein Wassertröpfchen nicht?
O Tropf, räum' aus dem Haupt die stolze Zuversicht:
Wenn du den Unterhalt durch Arbeit dir geschafft,
Verlaß darum dich nicht auf deines Armes Kraft.
O Selbstbewunderer, was siehst du Gott nicht an?
Er hat den Arm gemacht, die Hand daran getan.
Und kommt durch dein Bemühn dir Gutes, schreibe du

Es Gottes Wirkungen, nicht deinem Werke zu.
Mit der geballten Faust kannst du den Ball nicht fassen;
Du sollst den Dank und Preis dem Herrn der Schickung
lassen.
Nicht einen Augenblick selbständig stehest du,
In jedem Nu fließt dir geheimer Beistand zu.
Warst du nicht erst ein Kind mit Lippen stumm ver-
schlossen?
Die Nahrung kam dir durch den Nabel zugeflossen.
Als riß die Nabelschnur und ab die Nahrung brach,
Da strecktest du die Hand den Mutterbrüsten nach. –
Ein Fremdling kommt, in Not gedrängt von harter
Schickung;
Man reicht ihm aus der Stadt ein Tröpflein zur Erqui-
ckung.
Dann hat er Unterhalt in einem Bauch gefunden,
Hat Speis' und Trank zugleich in einem Schlauch ge-
funden.
Zwei Warzen, welche nun sind seine Herzenswonnen,
Sind aus dem Ort, wo er erzogen ward, zwei Bronnen.
Der Schoß der Mutter ist das Paradies der Lust,
Der Strom darin von Milch und Honig ist die Brust.
Ein Paradiesbaum ist ihr Wuchs von Füll' umflossen,
Das Kindlein ist die Frucht von dem Gezweig um-
schlossen.
Stehn die Brustadern selbst nicht in der Hut des Her-
zens?
So ist, besiehst du's recht, die Milch das Blut des Her-
zens.
In dieses Blut hat es getaucht den ersten Zahn;
Die Liebe, die ihr Blut trinkt, ist ihm angetan.
Wird stärker nun sein Arm und seiner Zähne Kraft,
So streicht die Amm' ihm an die Brüste bittern Saft.
Die Bitterkeit macht bald sein Schrei'n nach Milch so
still,
Daß es von Brust und Milch nichts weiter wissen will.
Auch du bist nun ein Kind auf der Entsagung Pfade,
Und durch die Bitterkeit wird dir zuteil die Gnade.

*

Der Mutter wandte sich ein Jüngling trotzig ab;
Das Herz der Armen ward voll Schmerz ein Flammen-
grab.
Sie wußte keinen Rat, die Wiege holte sie:
»O pflichtvergessener Liebloser, siehst du die?
O lagst du hier nicht klein und schwach und weinend
so,
Daß nächtelang durch dich der Schlaf mein Auge floh?
Nicht mächtig deiner selbst warst du in dieser Wiege,
Und hattest nicht die Kraft zu wehren dir die Fliege.
Bist du nun jener, den ein Flieglein plagen kann,
Der so geworden hier ist ein gewalt'ger Mann?
So wieder wirst du sein, tief in des Grabes Turm,
Daß du nicht von dir selbst abwehren kannst den
Wurm.« –
Wird hell die Lampe dann sein in des Auges Höhl',
Wenn hat des Grabes Wurm verzehrt des Hirnes Öl?
Wie du den Blinden siehst, der weder Weg noch Stunde
Ersehen kann zur Flucht aus finsterm Brunnengrunde;
O sei du dankbar, daß dir hell die Augen sind!
Und wenn du das nicht bist, so bist du selber blind.

*

Dein Lehrer lehrt dich nicht Weisheit und Wissen-
schaft;
In deine Anlag' ist von Gott gelegt die Kraft.
Gab, der die Wahrheit ist, dir nicht den Sinn der Wahr-
heit,
So wird die Wahrheit dir im Ohr Unsinnes Barheit.

*

Sieh einen Finger an, aus wieviel Fugen setzt
Er durch die Gotteskunst zusammen sich zuletzt.
Drum laß Betörung nicht und Wahnsinn dich verfüh-
ren,

An Gottes Kunstwerk mit dem Finger nur zu rühren.
Betracht', auf daß, ein Mann einhergeh' auf den Füßen,
Wieviele Knochen sich regen und fügen müssen.
Denn ohne daß zugleich Knie, Knöchel, Schenkel mit
Sich rühren, kannst du nicht vom Platz tun einen
Schritt.
Dem Menschen fällt nicht schwer die Beugung zum
Gebet,
Weil ihm das Rückgrat nicht aus einem Stück besteht.
Zweihundert Bällchen sind in ein' Verband gebracht;
Wer hat je solchen Ball wie dich aus Ton gemacht?
Ein Quellenboden ist in deines Leibes Gründen,
Wo sich Flußäderchen dreihundertsechzig münden.
Im Haupt wohnt Sehkraft dir, Besinnung, Urteil, Den-
ken;
Die Glieder hat das Herz, das Herz der Geist zu lenken.
Die Tiere sind auf ihr Gesicht geworfen nieder,
Du richtest wie zu Roß vom Fuß auf deine Glieder.
Des Futters halber ist ihr Kopf gesenkt zum Grunde,
Du aber hebest stolz die Nahrung dir zum Munde.
Er gab zum Besten dir das Korn, nicht das Gestreu,
Und bog dein Haupt nicht gleich den Bestien nach dem
Heu.
Du sollst, als Oberhaupt dich würdig zu bezeugen,
Dein Haupt nicht anders als zur Gottanbetung beugen.
Doch laß die herrliche Gestalt dich nicht verführen;
Ihr angemessen mußt du guten Wandel führen.
Geh mit aufrechtem Gang auf rechtem Weg zugleich;
In Hinsicht der Gestalt sind uns Ungläub'ge gleich.
Dem, welcher Auge dir und Mund und Ohr gegeben,
Wirst du, wenn auch Verstand du hast, nicht wider-
streben.
Mag sein, daß deinen Feind du treffest mit Steinwürfen,
Doch deinen Freund wirst du niemals befehden dürfen.
Wer Einsicht hat und Pflichtgefühl, macht ohne Wank
Wie mit dem Nagel fest die Wohltat mit dem Dank.

*

Wie schätzte recht den Wert von einem Wonnetag,
Wer eines Tages nicht in Mühsal niederlag!
Des Bettlers Winter in dem Jahr der Hungersnot
Fällt leicht dem reichen Mann, dem es nicht fehlt an
Brot.
Für die Gesundheit wird dem Herren Dank nicht sagen
Der Rüstige, der nie zu Bette lag mit Klagen.
Frag' nach des Wassers Wert nicht die am Orusstrande,
Frag' die Erliegenden in Sand und Sonnenbrande.
Wie schiene wohl dir lang die finstre Nacht, wenn du
Von einer Seite dich zur andern wendst in Ruh?
Denk an den Armen, der in Fieberunruh wacht;
Denn nur der Kranke kennt die Längen einer Nacht.
Bei Trommelschall erwacht der Herr vergnügt am
Morgen;
Wie' seinem Wächter ging bei der Nacht, macht ihm
nicht
Sorgen.

*

Von seinem Rappen fiel einmal ein Königssohn,
Verschoben war am Hals ein Wirbel ihm davon.
Schief war der Hals ihm wie ein Karst, und wollt' er
drehn
Den Kopf, so konnt' es nur mitsamt dem Leib geschehn.
Die Ärzte waren ihm zu helfen nicht im Stande,
Das konnt' ein Philosoph allein aus Griechenlande.
Den Kopf rückt' er zurecht, das Rückgrat macht' er
grad;
Half er ihm nicht, so war für ihn gebahnt der Pfad.
Doch hört' ich, er vergaß sich dankbar zu bezeugen,
Und von Erkenntlichkeit ließ er die Zunge schweigen.
Noch einmal näherte der Weise sich dem Schah;
Der niedersinnig ihn mit keinem Blick ansah.
Zu Boden hängen ließ den Kopf vor Scham der Weise;
Ich hörte, daß hinweg er ging und sagte leise:

»Wo gestern ich den Hals zurecht ihm drehte nicht,
So dreht' er heute mir nicht ab sein Angesicht.«
Ein Körnchen schickt' er drauf durch seines Sklaven
Hand,
Es ihm zu legen auf der Kohlenpfanne Brand.
Der Bote kam damit zum Fürsten hingegangen,
Und tat im Augenblick nach seines Herrn Verlangen.
Vom Rauche kam alsbald dem Fürsten an ein Niesen,
Und wieder stand ihm Kopf und Hals alswie vor die-
sem.
Mit Abbitt' eilte man nun hinter'm Manne her,
Man sucht' ihn viel und fand ihn desto weniger. –
Auch du sollst nicht den Hals ab vom Wohltäter drehn;
Es möcht' am Ende dir der Kopf verlorengehn.

*

Ich hörte, daß einmal mit seines Zorns Gewicht
Den Sohn ein Vater schalt: »Schamloses Angesicht!«
Er schüttelte mit Macht den Jungen an dem Ohr:
»Ei du unseliger, heillos verkehrter Tor!
Ich gab dir diese Axt, Brennholz damit zu haun;
Ich sagte nicht: Zerstör an der Moschee den Zaun.« –
Die Zunge gab man dir, o Mensch, zu Dank und Preise,
Zu Afterrede nicht verwendet sie der Weise.
Das Ohr, für Koransprüch' und Lehren eine Pforte,
O horche nicht mit ihm auf leere Lügenworte!
Auf Gottes Schöpferkunst dein Auge richte du;
Vor deines Bruders Fehl und Freundes mach es zu.

*

Ein Wandrer auf dem Weg erliegend rief mit Weinen:
»Wer ist elend wie ich in diesem Feld von Seinen?«
Mit seiner Saumlast kam ein Esel her: »Du Gauch«,
Sprach er, »verklagest du des Schicksals Härten auch?
Dank Gott, wenn unter dir nun auch kein Esel ist,
Daß wenigstens du selbst ein Mensch, kein Esel bist.«

*

Ein Trunkner lag im Weg; an diesem ging vorbei
Ein Schriftgelehrter, stolz, daß er enthaltsam sei.
Aus Hochmut sah er kaum mit einem Blick ihn an;
Der Jüngling hob sein Haupt und sprach: »Betagter
Mann!
Sei übermütig nicht, wenn es dir gehet gut;
Denn die Demütigung kommt aus dem Übermut.
Lach' über keinen, den du siehst im Bande liegen;
Wer weiß, wie bald du selbst dich mußt in Bande
schmiegen.
Hat etwa das Geschick die Macht nicht über dich,
Daß morgen du berauscht am Boden liegst wie ich?«
Wenn dir der Himmel gab in der Moschee dein Teil,
So schilt nicht den, der in der Kirche sucht sein Heil.
Erheb', o Muselman, zum Danke deine Hand,
Daß Gott um deinen Leib den Magiergurt nicht band.
Sein Suchender kann nicht von selbst den Weg ein-
schlagen,
Des Freundes Gnade zieht ihn mit Gewalt am Kragen.
O sieh, wie wunderbar der Schickung Wege sind;
Wer seine Zuversicht auf andres setzt, ist blind.

*

Gott hat der Heilung Kraft gemischt im Honigsaft,
Doch so nicht, daß den Tod bezwänge seine Kraft.
Der Honig macht nur süß den Gaumen der Lebendi-
gen,
Des Todestags Geschick ist er zu schwach zu bändigen.
Desgleichen ist viel Heil ins Zuckerrohr gelegt,
Wo der Genießende noch Lebensdauer trägt;
Doch wo der letzte Hauch will ausgehn einem Schlu-
cker,
Was nützet in dem Mund ihm Honig oder Zucker?
Wenn einen Keulenschlag hat wer auf's Haupt emp-
fahn,
Was soll's, daß einer sagt: »Reibt ihn mit Sandel an!«

Dem Schwerte der Gefahr, solang du kannst, entwei-
che;
Doch mache keine Faust gegen des Schicksals Streiche.
Solang empfänglich ist der Leib für Speis' und Trank,
Solang ist die Gestalt ihm frisch, das Antlitz blank;
Doch dann fällt dieses Haus in Trümmer gar ge-
schwind,
Wenn Nahrung und Natur nicht mehr verträglich sind.
Du bist aus Trockenem, aus Feuchtem, Warmen, Kalten
Gemischt, ein Mensch besteht aus diesen vier Gewal-
ten.
Sobald von diesen eins am andern Sieg erficht,
Verliert die innere Natur ihr Gleichgewicht.
Wenn nicht der kühle Hauch des Atems drüber geht,
Bald durch des Magens Glut die Seel' in Not gerät.
Und wenn des Magens Topf nicht kocht die Speise gar,
Des Leibes Haushalt ist verkümmert ganz und gar.
Ein weiser Mann hängt nicht sein Herz an die entzwei-
ten,
Die sich zusammen nicht vertragen ohne Streiten.
Nicht nach dem Essen miß die Kraft des Leibes ab;
Des Herren Gnad' ist es, die dir die Nahrung gab.
Beim Recht des Herrn! wenn Schwert und Dolch dein
Aug erlitt',
Du machtest gegen ihn dich nicht der Dankschuld
quitt.
Legst auf den Boden du dein Antlitz dienstbarlich,
So bringe Gott den Preis, und denke nicht an dich;
Ich gebe zu, du hast ihm einen Dienst getan,
Hast du beständig nicht von ihm den Lohn empfahn?
Ein Betteln nur ist dein anhaltendes Gebet;
O wie dem Bettler doch so schlecht der Hochmut steht!

*

Gott ist es, der zuerst ins Herz legt will'gen Sinn,
Dann legt auf seine Schwell' ihr Haupt die Andacht hin.
Wenn Gott die Leitung nicht zum Guten dir verliehen,
Wie wäre denn von dir ein Gutes mir verliehen?

Wenn von der Zungen ist des Herren Preis erklungen,
O sieh doch, wer das Wort gegeben hat der Zungen!
Des Menschen Auge, traun, ist der Erkenntnis Tor,
Dem Himmel aufgetan und rings der Erde Flor;
Wie unterschiedest du das Unten von dem Oben,
Hätt' Er von diesem Tor die Riegel nicht gehoben?
Er brachte Haupt und Hand vom Nichtsein in das Sein,
Und wollte Spendung ihr, ihm Niederfall verleihn.
Sonst, und könnt' auch die Hand der Spendung Werk
betreiben,
Doch würde Niederfall dem Haupt unmöglich bleiben.
Er setzte Zung' und Ohr voll Weisheit an den Platz,
Wo sie die Schlüssel sind für deines Herzens Schatz.
Wo das Dolmetscheramt die Zunge nicht bekommen,
Wer hätte denn vom Hehl der Brust Bericht bekom-
men?
Und wäre nicht das Ohr mit Späherdienst bemüht,
Wie käme Kundschaft denn dem Könige Gemüt?
Die beiden sind bestellt zu Kämmerern, und eilen
Von einem König Gruß dem andern zu erteilen.
Mir hat er süßes Wort verliehn zur Redegabe,
Und dir Empfänglichkeit des Sinns zur Geisteshabe.
Was denkst du von dir selbst: »mein eignes Werk ist
gut?«
Sieh auf den Beistand doch, den er dabei dir tut!
Die Früchte, welche bringt der Gärtner aufzuwarten
Dem Sultan, pflückt er doch nur in des Sultans Garten.

*

Pforte

Buße und Bekehrung

Du, dessen Jahre nun zu siebzig sind gegangen,
Hast du geschlafen, daß sie in den Wind gegangen?
Zum Bleiben eifrig hast Anstalten du gemacht,
Doch an das Weggehn hast du ernstlich nie gedacht.

Am Jüngsten Tag, wenn Himmelsjahrmarkt wird gehalten,
Da wird ein jeder nach der Werke Wert erhalten.
Soviel du bringst, soviel bekommest du dafür;
Und bringst du nichts, so ist Beschämung die Gebühr.
Denn um wie voller ist der Markt von Gegenständen,
Um so verlegner ist, wer kommt mit leeren Händen.
Von fünfzig Dirhemen wenn man dir fünfe nahm,
So fällt dein wundes Herz zum Raub anheim dem Gram;
Wenn fünfzig Jahre dir gekommen sind abhanden,
Mach' die fünf Tage dir zu Nutz, die noch vorhanden!
Der arme Tote, hätt' er eine Zunge nur,
Zu Klag' und Weheruf war' sie im Schwünge nur:
»O Lebender, der du noch reden kannst, laß nun
Die Lippe nicht von Dank alswie ein Toter ruhn.
Da uns verstrichen sind die Tag' in Unbedacht,
Nimm du nun wenigstens den Augenblick in acht.«

*

In einer Nacht voll Lust und jugendlichen Flammen
Saßen wir eine Zahl von Jünglingen zusammen,
Wie Nachtigallen laut, wie Rosen frisch entglommen;
Die Gasse war in Braus durch unsre Lust gekommen.
Von uns saß nebenaus ein Alter, dessen Haar
Durch Himmelsumschwung Tag aus Nacht, geworden war;
Dem war wie einer Nuß der stumme Mund verschlossen,
Mit Lachen nicht wie uns Pistazien-gleich erschlossen.
Ein junger trat zu ihm: »Ei, alter Mann, warum
Sitzet du mit Verdruß im Winkel einsam stumm?
Erheb einmal das Haupt aus der Bekümm'rung Kragen,
Und mit den Jünglingen reg' dich in Lustbehagen.«
Darauf erhob das Haupt der Hochbetagte leise;
Vernimm, wie greisenhaft die Antwort gab der Greise:
»Wenn Morgenwindes Hauch den Rosenhain bewegt,
Steht's jungem Zweige wohl, daß er sich lustig regt.

Die junge Saat regt sich, die noch grünhauptig steht;
Wie sie zur Bleichheit ist gelangt, wird sie gemäht.
Wann jung im Frühling sproßt der Moschusweide
Laub,
Dann wirft die alte Palm' ihr Dürres in den Staub.
Mir ziemt nicht Regung gleich dem jugendlichen
Strauch,
Da meine Wangen traf des Alters Morgenhauch.
Der Edelfalke, den ich hatte fest am Band,
Schon reißen will er mir den Faden aus der Hand.
An euch ist nun die Reih' zu sitzen an dem Tische,
Wo ich mir vom Genuß bereits die Hände wische.
Wenn auf das Haupt sich dir gesetzt des Alters Staub,
So blicke nicht mehr aus nach Jugendwonneraub.
Mir hat der Schnee beschneit die Fittiche des Raben;
Darf ich wie Nachtigall mein Fest im Garten haben?
Stolzieren mag der Pfau, weil er ist schön geputzt;
Was soll der Falke, dem die Schwingen sind gestutzt?
Eng in der Scheun' ist mir der Ernte Kornvorrat;
Und euch steht eben jetzt in frischem Grün die Saat.
Mir ist für's Rosenbeet die Blütezeit verstrichen;
Wer bindet einen Strauß von Rosen, die verblichen?
Der Stab, beim Himmel, ist zum Anhalt mir gegeben,
Und Sünde wär's, wollt' ich mich halten noch ans Le-
ben.
Fahrlos ist Jünglingen der Sprung mit freien Füßen,
Wo Alte wohl die Hand zur Hilfe nehmen müssen.
Unreife Jugend selbst mag sündlichem Verlangen
So widrig nicht als ein unreifer Greis nachhangen.
Gleich Kindern mag mir wohl geziemen nun zu weinen
Aus Sündenscham, jedoch nicht kindisch zu erschei-
nen.
Indes den Jüngling bringt zu Glanz der dunkle Duft,
Befördert einen Greis der weiße Glanz zur Gruft.«
Wie schön hat Lokman dies gesprochen: »Nicht zu le-
ben
Ist besser, denn viel Jahr' als schlechter Wicht zu leben.
Viel besser schließest du gleich morgens deinen Kram,
Als daß dir aus der Hand Ertrag und Hauptstock kam.«

*

Zu einem Arzt kam ein Alter hochbejahrt,
Von dessen Klagen kurz zum Tode war die Fahrt.
»Befühle mir den Puls, o hocherfahrner Mann,
Weil ich den Fuß nicht mehr vom Flecke bringen kann!
Mein Leib ist so gekrümmt, die Ahnung kommt mir
bei,
Als ob ich in den Lehm bereits geraten sei.«
Der Arzt sprach: »Von der Welt mußt du nur Abschied
nehmen,
So kommt am Jüngsten Tag der Fuß dir aus dem Leh-
men.« –
Beim Alter suche nicht der Jugend Munterkeiten;
Das Wasser, das verlief, läßt nicht zurück sich leiten.
Wenn in der Jugend du ausschlugst mit Fuß und Hand,
So brauch im Alter nun Besinnung und Verstand.
Wenn über Vierzig ging die Lebenszeit hinaus,
Zapple nicht mehr! denn schon ging über'n Kopf der
Braus.
Nun von der Lust des Spiels das Haupt du räumen
mußt,
Denn abgelaufen ist die Frist dem Spiel der Lust.
Mir hat die Munterkeit zu weichen angefangen,
Als aus dem Abend mir der Morgen aufgegangen.
Wie würde nun das Herz mir frisch von grünem Laube,
Da grünes Laub wird bald entsprießen meinem Staube!
Lustwandeln gingen wir in unsrer Wonne Schwellen
Hin über Grubenstaub viel fröhlicher Gesellen.
Gesellen werden nun, die wir nicht vorgesehn,
Nachkommen und dahin ob unserm Staube gehn.
Schad' und Jammer, daß der Jugend Tage schwanden,
Und uns in Spiel und Tand das Leben kam abhanden.
Schad' und Jammer um die Zeit voll Seelenspeise,
Daß sie vorüberfuhr in eines Blitzes Weise.
Vor Eifer über das »was ess' ich? zieh' ich an?«
Fand ich nicht Muße, mich dem Heiligen zu nahn.
Schand' und Jammer, daß ich an dem Eitlen hing,
Dem Wahren ferne blieb, und ohne Schmuck ausging.

Wie treffend hat gesagt der Lehrer zu dem Knaben:
»Kein Tagwerk tatest du, und hast den Tag begraben.«
O Jammer, daß dahin das edle Leben ist,
Und bald dahin wird sein auch diese letzte Frist.
Wenn für dich ist das Haus der Seligkeit gebaut,
Genügt von Saadi dir ein seelenvoller Laut.

*

Heut' mach', o Jüngling, dich nach Tugend auf die Reise,
Weil Jugend zu Gebot nicht morgen steht dem Greise.
Ein sorgenfreies Herz, Gliedmaßen derb und prall;
Der Tummelplatz ist weit, du schlage deinen Ball!
Sieh, um ein Leben hat das Schicksal mich gebracht,
Von dem ein jeder Tag galt eine Schöpfungsnacht.
Den Wert der Tage hatt' ich nicht erkannt zuvor;
Nun kenn' ich ihn, nachdem ich ihn im Spiel verlor.
Was kann das alte Tier nun unter seiner Last?
Du reit', weil unter dir du einen Renner hast.
Zerbrochen Glas, wie fest man kitten mag die Scherben,
Den Wert des Ganzen wird es nimmermehr erwerben;
Doch, durch Nachlässigkeit ist's deiner Hand entglitten,
Es bleibt kein andrer Rat als eben es zu kitten.
Wer hat dir denn gesagt: »stürze dich in den Fluß!«
Da du darein nun fielst, so rühre Hand und Fuß.
Nachlässig wiesest du das Wasser von der Hand;
Was bleibt dir übrig, als zu baden dich im Sand?
Da von den Flinken erst den Wettpreis du im Laufen
Davon nicht trugst, so mußt du nun mit Müh nachschnaufen.
Wenn die Windfüßigen hinausten wie ein Hauch,
Du ohne Hand und Fuß magst kriechen auf dem Bauch.

*

Der Schlummer eines Nachts legt' in der Wüste Feid
An meines Laufes Fuß sein hemmendes Geschmeid.
Ein Treiber aber kam mit droh'ndem Braus und
Schnauf,
Schlug den Kamelzaum mir um's Haupt und rief: »Steh
auf!
In deinem Herzen scheint die Lebenslust zu stocken,
Daß du dich nicht erhebst beim Schall der Reiseglo-
cken.
Auch mir ist süß wie dir im Haupt des Schlummers
Duft,
Doch vor uns öffnet sich der Wüste Totengruft.« –
Du, den vom süßen Schlaf der Klang der Karawan'
Erweckt nicht hat, wie willst du finden nun die Bahn?
Längst hat der Sarawan die Trommel schon gerührt;
Schon hat die Station der erste Trupp berührt.
Heil den Besonnenen und nicht in Trägheit Blinden,
Die, eh die Trommel ruft, schon ihre Bündel binden.
Wer unterwegs schläft, wann er den Kopf nun schwer
Erhebt, sieht der des Wegs Gegangnen Spur nicht
mehr.
Den Vorsprung haben, die beizeiten auf sich machen;
Was kann es helfen, nach dem Aufbruch zu erwachen?
Wenn Gersten einer hat im Frühling ausgestreut,
meinst du wohl, daß ihm die Ernte Weizen beut?
Komm' nicht mit leerer Hand zum Markt der Aufersteh-
hung;
Denn unersprießlich ist das Leid der Leerausgehung.
Jetzt rühre dich, da dir die Flut am Gürtel steht,
Nicht dann erst, wenn der Strom dir über's Haupt hin-
geht.
Bring jetzt Entschuldigung für deine Mängel vor,
Nicht wann die Seel' im Mund des Worts Gebrauch
verlor.
Hör' heute gern ein Wort, das dir die Weisen sagen;
Denn strenger wird dich einst der Todesengel fragen.
Erbeute rasch den Schatz der kurzen Lebensfrist;

Was ist der Käfig wert, aus dem der Vogel ist?
Verlier' das Leben nicht an Tand! Gelegenheit
Verdienet Ehr', es ist ein edler Gast die Zeit.

*

Den Lebensfaden riß das Schicksal einem ab,
Ein anderer zerriß sein Kleid bei dessen Grab.
Da sprach ein dritter, der mit schärferm Auge sah,
Als seinem Ohre kam Wehklang und Leidruf nah:
»Zerreißen würd' er selbst, der Tote, wenn die Hand
Dazu ihm wäre frei, um dich sein Grabgewand:
›O winde dich um mich in Schmerz nicht solcherweise,
Weil vor dir ein paar Tag' ich antrat meine Reise.
An deinen eignen Tod hast du wohl nicht gedacht,
Daß dir der meinige so vielen Kummer macht.‹« –
Der Wahrheitskenner, der die Handvoll Erde gibt
Dem Toten, ist um sich und nicht um ihn betrübt.

Was klagst du, daß zu Grab ein Kindelein gegangen?
Rein kam es her zur Welt, und hin ist's rein gegangen.
Rein kamst du selber auch; sei achtsam und sei rein!
Denn Schand' ist es, ins Grab unrein zu gehen ein.
Dem wilden Vogel leg' jetzt um den Fuß das Band,
Nicht dann, wenn er dir riß den Faden aus der Hand.
An eines andern Platz so lange saßest du;
Bald sitzt ein anderer an deinem Platz in Ruh.
Seist du ein Pehlewan, seist du ein Riesensohn,
Du trägst ein Leichenhemd und weiter nichts davon.
Wildesel, der dem Wurf der Fangeschnur entgangen,
Wenn er im Sande bleibt, ist ihm der Fuß gefangen.
Solange hast auch du die Macht in deiner Hand,
Solange nicht dein Fuß kam in des Grabes Sand.
O leg dein Herz nicht auf dies altermorsch Gemach;
Denn liegen bleibet nicht die Walnuß auf dem Dach.
Da Gestern dir entging, und Morgen sich dem Strick
Des Fangs entzieht, so rechn' auf deinen Augenblick.

Schah Dschemschid mußte sehn den holdsten Knaben
scheiden:
Dem Seidenwurme gleich hüllt' er die Leich' in Seiden.
Ins Grabmal ging er dann hinab nach ein'gen Tagen,
Um weinend über ihn mit heißem Leid zu klagen.
Da er vermodert sah das seidne Totenkleid,
Stellt' er Betrachtung an, und sprach in seinem Leid:
»Was mit Gewalt dem Wurm ich abgerissen habe,
Das reißen wieder ihm die Würmer ab im Grabe.«
Keine Zypresse wächst so hoch in diesem Park,
Die nicht des Todes Wind versengt an Stamm und
Mark.
In vielen Jahren wird zu einem Baum ein Sproß,
Den aus der Wurzel dann reißt eines Windes Stoß.
Kein josephschönes Bild ist dem Geschick gelungen.
Das nicht wie Jonas hat des Grabes Fisch verschlungen.

Durch ein Paar Verse lag auf einem Flammenroste
Mein Herz, die jüngst zur Laut' ein Sänger also koste:
»O Schade, daß ohn' uns so viele Tage blühn
Die Rose wird, und neu erstehn des Frühlings Grün.
So viele Monate, Dezember, Mai, August,
Gehn über uns dahin, und wir sind Staub und Dust.
Das Rosenbeet wird stehn nach uns in Rosenflammen,
Und andre sitzen, die sich lieben, dort beisammen.«

*

Ein Frommer, lang getreu in Gottes Dienst bestanden,
Kriegt' eine Platt' aus Gold, ich weiß nicht wie, zu
Handen.
Und sein vernünft'ger Kopf ward so erhitzt davon,
Daß Leidenschaft sein hell Gemüt mit Nacht umsponn.
Ganz in Gedanken war er nachts: »Das ist ein Schatz,
Bei dem, so lang ich leb', ein Mangel nicht hat Platz.
Nun soll mein schwacher Leib, um keines Menschen
Gnade

Zu betteln, bald gebückt sich zeigen bald gerade.
Ich baue mir ein Haus, den Sockel Marmor stolz,
Und jede Sparr' am Dach massives Aloeholz;
Ein trauliches Gemach, Herzfreunde zu erwarten,
Die Türe des Gemachs geht in den Hausbaumgarten.
Zu flicken Fleck auf Fleck hat vormals mich bedrängt,
Und des Kochherdes Dampf der Seele Hirn versengt.
In Zukunft kochen mir die Diener meine Speise,
Ich pfleg' in Ruh' den Gast auf angenehme Weise.
Durch ihre Schwere hat mich die Matratz' erstickt,
Ich geh' und breite mir nun Tepp'che goldgestickt.«
Einbildung macht' ihn so verschroben und vertrackt,
Als ob das Hirn ihm von Krebsscheren sei gezwackt.
Ihm blieb nicht Muße zu Betrachtung und Myster,
Ihm blieb für Essen, Schlaf und Beten Zeit nicht mehr.
Einst ging er in das Feld, den Kopf erfüllt von Brause,
Weil er nicht hatte Ruh' noch Rast in seinem Hause.
Dort knetet' einer Lehm an eines Grabes Seiten,
Um daraus lehmene Grabplatten zu bereiten.
Dem alten Mann erwuchs da des Nachdenkens Saat;
»O Seele,« rief er aus, »kurzsichtige, nimm Rat!
Was heftest du dein Herz an eine goldne Platte?
Bald wirst zur lehmenen du selbst, der nimmersatte.« –
Nicht soweit ist der Gier der Rachen aufgetan,
Daß ihn ersättigen ein mäß'ger Bissen kann.
Von dieser Platte zieh' o Wicht, die Hand zurücke;
Mit einer Platte baut man nicht des Orus Brücke.
Auf Zins und Kapital bedacht, füllt dir nicht bei,
Wie unter'n Fuß gestampft des Lebens Grundstock sei.
Staub der Versäumnis hat dein Auge zugedeckt,
Der Gierde Glutwind dir die Saat in Brand gesteckt.
Der Torheit Schminkestaub wasch aus dem Auge rein!
Bald wirst du Schminkestaub im Aug' der Erde sein.

*

Zwei Feinde lebten, die einander zu bedräuen
Pflegten mit Kampf und Zorn alswie zwei grimme
Leuen.

Sie hätten mögen selbst vor ihrem Anblick fliehn,
So daß für alle zwei der Himmel enge schien.
Vom Heer des Todes nun ward einer überzogen,
Die Tage seiner Lust waren hinweggeflogen,
Und seines Feindes Herz war hocherfreut darüber;
Er ging an seinem Grab nach ein'ger Zeit vorüber.
Sein Totenschlafgemach sah er betüncht mit Lehm,
Des Lusthaus er gesehn mit Gold betüncht vordem.
Zu seinem Pfühle trat er hin mit stolzem Gang,
Und sprach, indes die Lipp' ihm auf mit Lächeln
sprang:
»O wie behaglich ist zu Mute dem, der warm
Nach seines Feindes Tod ausruht in Freundesarm!
Nicht weinen soll man, wenn man solchen einst be-
gräbt,
Der auch nur einen Tag den Feind hat überlebt.«
Und aus Feindseligkeit, mit Armen der Gewalt
Brach in des Feindes Grab er einen breiten Spalt.
In seiner Niedrigkeit sah er das hohe Haupt,
Die Augen, die die Welt einst schauten, eingestaubt,
Sein Dasein eingezwängt im engen Grabeskreise,
Sein Leib des Wurmes Fraß, die Beute der Ameise;
Als ob der Moder ihm aus allen Knochen wüchse
Und quölle, wie voll Duft gestopft die Salbebüchse;
Der Vollmond des Gesichts zum Neumond einge-
schrumpft,
Des Wuchses Buchsbaum zum Zahnstocher abge-
stumpft;
Die Spannung seiner Hand' und seiner Fäuste Kraft
Durch die Gewalt der Zeit gelöst aus Band und Haft.
So überkam sein Herz ein Mitleid mit dem Schemen,
Daß er aus Tränen macht' auf seinem Grabe Lehmen.
Er sah mit Reu beschämt auf sein vermess'nes Treiben,
Und ließ dem Toten dies auf seinen Grabstein schrei-
ben:
»Du sollst dir keine Lust an jemands Tode machen;
Denn lange wirst du nicht nach seinem Schlafen wa-
chen.«
Die Rede hörte d'rauf ein weiser frommer Mann,

Und den Allmächtigen rief er mit Tränen an:
»Unmöglich wird von dir Erbarmen dem versagt,
Um welchen selbst der Feind mitleidig hat geklagt.«
Uns allen auch wird so der Leib an einem Tag,
Daß über ihn ein Herz des Feindes schmelzen mag.
Es wird mir wohl der Freund Erbarmung nicht ent-
ziehn,
Wenn er gesehn hat, wie mir selbst der Feind verziehn.

*

In solchem Zustand kommt gar bald ein Schädel, daß
Du meintest, daß nie in ihm ein Auge saß.
Den Spaten schlug ich einst in eine Erdenscholle,
Da kamen an mein Ohr Klaglaute schmerzenvolle:
»O Schonung, wenn ein Mensch du bist, sei grausam
nicht!
Dies war ein Aug' und Ohr, ein Haupt und Angesicht.
Ein Weltgebieter war einmal ich in der Welt,
Und nun dem Staube bin ich worden gleichgestellt.«

*

Ich schlief in einer Nacht mit Reisevorsatz ein,
Und schloß der Karawan' mich an beim Morgenschein.
Ein Wirbel furchtbar sich erhob von Staub und Wind,
Dem Menschenauge ward die Welt umher stockblind.
Auch ein Haustöchterchen war da mit auf der Reise.
Die wischte mit dem Tuch den Staub vom Vater leise.
Der Vater sprach zu ihr: »Mein holdes Angesicht,
Verstör aus Liebe doch zu mir dein Herzchen nicht!
In dieses Auge wird nicht so der Staub sich setzen,
Daß du mit deinem Tuch hinweg ihn könntest netzen.«
–
Solange wird die Luft ob meinem Staub hingehn,
Bis sie woanders hin wird jedes Stäubchen wehn.
Der Trieb des Lebens trägt voreilig dich bergab
Wie ein unbändig Roß, und steht mit dir am Grab.
Die Hand des Schicksals bricht dir unversehns den Bü-

gel,
Und von dem Abhang hältst du nicht zurück die Zügel.

*

Du Vogelhaus von Bein, es ist dir wohlbekannt,
Ein Vogel wohnt in dir, der Seele wird genannt.
Wenn aus dem Käfig ist der Vogel und zerbrach
Die Fessel, stellest du mit List umsonst ihm nach.
Nimm die Gelegenheit in acht! ein Atemzug
Ist Leben, Weisen ist ein Atemzug genug.
Auch Alexander, der die Welt am Zügel hält,
Er geht zuletzt hinweg, und läßt zurück die Welt.
Vergönnt ist es ihm nicht, daß eine Welt er gebe,
Und eine Stunde Frist empfange, daß er lebe.
Sie gehn, und jeder hat geerntet, was gesät;
Und nur der Nam' allein, gut oder schlecht, besteht.
Was binden wir das Herz an diesen Einkehrort?
Die Freunde sind schon weg, und wir auch müssen
fort.
Das Rosenbeet wird stehn nach uns in gleichen Flam-
men,
Und and're sitzen, die sich lieben, dort beisammen.
O hänge nicht dein Herz an dieses Lieb, die Welt!
Sie saß bei keinem, dem sie nicht das Herz zerspellt.
Liegt erst der Mensch im Bett von Erde, wird mit Rüt-
teln
Ihm nur der Jüngste Tag den Staub vom Antlitz schüt-
teln.
Heb' jetzt dein Haupt empor aus der Sorglosigkeit
Schoß,
Daß du nicht lassest einst es hängen hoffnungslos.
Wenn du eintreten willst in Shiraz Stadtgehege,
Wischest du nicht von Kopf und Leib den Staub der
Wege?
Nun denn, bestaubter Mann der Sünde, nachgerade
Wirst du zur fremden Stadt eingehn auf deinem Pfade:
Ergeuß aus deines Augs zwei Quellen einen Bach,
Und hast du Schmutz an dir, so wasch' dich allgemach.

*

Von meinem Vater her hab' ich ein Angedenken
(Stets müsse seinen Staub der Gnade Regen tränken!):
Er kaufte mir als Kind Tafel und Buch nach Brauch,
Und einen goldnen Ring kauft' er dazu mir auch.
Da nahm den goldnen Ring mir unversehens ab
Ein Käufer, der dafür mir eine Dattel gab. –
Da Kindes Unverstand nicht kennt des Goldes Wert,
Kann ihm für Süßigkeit es nehmen, wer's begehrt.
Du kennst des Lebens Wert noch jetzt nicht, da du ihn
Wirfst für die Süßigkeit des Weltgenusses hin.
Beim Auferständnis, wann die Guten aufwärts steigen
Vom Reich der Dunkelheit zum lichten Sternenreigen,
Wird dir das Haupt vor Schmach zu Boden niederhan-
gen,
Wenn deine Werke rings im Kreise dich umfangen.
O schäme dich des Werks der Bösen, daß du nicht
Dich müssest schämen vor der Guten Angesicht!
Des Tages, wo man fragt nach jedem Werk und Wort,
Den Frommen selber bebt das Herz vor Schrecken dort;
Wo der Bestürzung nicht die Heiligen entgingen,
Was für Entschuldigung hast du da vorzubringen;
Selbst Weiber, die sich gern der Andacht unterziehn,
Sind Männern, welche Gott nicht fürchten, vorzuziehn.
O kommt dich keine Scham vor deiner Mannheit an,
Wenn Weiber dir's zuvor an Würdigkeit getan?
Ein Weib hat triftiger Entschuldigung genug,
Wenn es zuzeiten nicht der Andacht Schuld abtrug;
Allein in seiner Seel' empfindet's Leid und Qual,
Daß es von Blut ist rot und von den Wangen fahl.
Du ohn' Entschuld'gungsgrund gehst wie ein Weib ab-
seits;
Du, minder als ein Weib, nicht als ein Mann dich
spreiz'!
Inzwischen merke nur auf meine Worte nicht,
O merke was der Mund der weisen Vorzeit spricht!
Der Zungenmeisterschaft rühm' ich mich selbst nicht
hie;

Gesprochen hat das Meer der Dichtkunst, Enweri:
»Krumm heißt es, wenn man ab von den Geraden
weicht;
Was ist der für ein Mann, der selbst dem Weib nicht
gleicht!«

*

Wenn zart und weichlich du die Seele pflegst, gib acht,
Am Ende hast du nur stark einen Feind gemacht.
Ein Wölflein groß zu ziehn war einst ein Mann beflis-
sen,
Und als es groß nun war, hat es den Mann zerrissen.
Als mit dem letzten Hauch er auf der Seite lag,
Ging ein beredter Mann an ihm vorbei und sprach:
»Da du solch einen Feind so zärtlich hast gepflegt,
Weißt du nicht, daß er dir notwendig Wunden
schlägt?« –
Hat Iblis nicht von uns gesagt das Schmähewort?:
»Die werden anders nichts denn Böses tun hinfort.«
Weh über's Böse, das in uns wir lassen walten!
Iblis, ich fürchte, wird am Ende Recht behalten.
Da der Verfluchte sich vermaß, uns zu bezwingen,
Warf unsertwegen Gott ihn aus des Himmels Ringen;
Wie können wir das Haupt vor solcher Schmach erhe-
ben,
Daß wir mit Gott im Krieg, mit ihm in Frieden leben?
Soll dir vom Freund der Baum der Freundschaft Früch-
te bringen,
So mußt du nicht dem Feind zum Knechte dich verdin-
gen.
Der Blick des Freundes wird wohl selten dir beschert,
Wenn dem Gesicht des Feindes ist deines zugekehrt.
Dir selbst hast du des Freunds Entfremdung zuzuzäh-
len,
Wenn du den Feind zur Hausgenossenschaft wirst
wählen.
O siehst du nicht, der Freund wird minder zu dir
kommen,

Sieht er, daß dir im Haus der Feind ist aufgenommen!
O wenn du weise bist, vom Freunde nie dich trenne,
Daß seinen Blick auf dich der Feind nie werfen könne.

*

Erinnerlich ist mir aus meinem Vaterhaus:
An einem Festtag ging ich mit dem Vater aus.
Als ich im Spiele mit den Leuten ab mich gab,
Kam ich im Volksgewühl von meinem Vater ab.
Da hob ich ein Geschrei, als ich den Mut verlor,
Doch unversehens nahm der Vater mich beim Ohr:
»Hab ich's nicht oftmal dir, leichtfertiges Gesicht,
Gesagt: ›Laß deine Hand von meinem Saume nicht?‹« –
Ein kleines Kind ist nicht im Stand, allein zu gehn;
Man findet schwer den Weg, den man nie hat gesehn.
Ein kleines Kind im Weg des Heils, o Strebender,
Bist du auch, halte dich am Saum Ratgebender.
Mit der gemeinen Welt hab' nicht den Sitz gemein;
Sonst stell' auf Würde nur jedweden Anspruch ein.
Leg an den Sattelgurt der Edlen deine Hand;
Almosen fordern, bringt dem Weisen keine Schand'.
Die Jünger sind an Kraft noch mehr als Kinder
schwach,
Die Scheich' an Festigkeit stehn einer Wand nicht nach;
Drum lerne du das Gehn von jenes Kindes Hand,
Sieh, wie es, um zu gehn, zu Hilfe nimmt die Wand!
Der ist unheiligen Umkettungen enteilet,
Wer im geweihten Ring der Heiligen verweilet.
O wenn dir etwas fehlt, so ziehe diesen Ring
Am Tor, zu dem auch wohl ein Fürst bedürftig ging.
Geh, lerne Saadi-gleich der Ährenlese pflegen,
Um einen Ernteschatz von Weisheit anzulegen.
O ihr, die im Gemach der Gottvertrautheit itzt,
Und künftig an dem Tisch der Auserwählten sitzt,
Kehrt nicht von Bettlern vor der Tür ab eu'r Gesicht;
Denn ein Großmütiger vertreibt Schmarotzer nicht.

Stell' heut mit der Vernunft dein Bündnis wieder her;
Denn morgen steht nicht auf das Tor der Wiederkehr. –
Um Geld und Gut betrug die Menschen ein Verruchter;
Und als er seinen Fang vollbracht, dem Teufel flucht'
er.
Der Teufel aber sprach zu ihm einst unter'm Gehn:
»Solch einen Toren hab' ich nie wie dich gesehn.
Im Bunde bist du doch mit mir, o Wunderlich;
Was sträubest du zum Kampf den Nacken wider
mich?« –
O Schad' und Jammer, wenn, wozu dich angetrieben
Der Teufel hat, dir wird vom Engel angeschrieben.
Hältst du's in törichter Scheulosigkeit für gut,
Daß deiner Unreinheit der Reine Meldung tut?
Schlag' einen Heilsweg ein, such' eine Friedenstür,
Ruf eine Fürsprach' an, bring ein Entschuld'gen für!
Zu hoffen ist nicht Heil in Augenblickes Frist,
Wenn voll ist Lauf der Zeit das Maß geworden ist.
Wenn dir sich in der Hand der Werke Kraft nicht fand,
So hebe, Kranken gleich, mit Klageruf die Hand.
Und wenn das Böse schon die Grenzen überschritt,
Sag', daß es böse ging, und gut führst du damit.
Komm' her, weil du die Tür des Friedens offen siehst,
Bevor man unversehns das Tor der Reue schließt.
O laß von dir, mein Sohn, der Sünde Bündel fliegen;
Denn wer beladen geht, wird auf dem Weg erliegen.
Du mußt der Frommen Spur nacheilen, daß dies fruchte-
te:
Denn diese Seligkeit fand jeder, der sie suchte.
Allein du hängest dich als Schweif dem Teufel an;
Ich weiß nicht, wie du willst dem Engelchore nahn.
Denjenigen allein wird der Prophet vertreten,
Der wandelt im Gesetzrichtwege des Propheten.
Dem Schah bot Trotz ein Mann in seinem Frevelmut;
Da übergab er ihn dem Feind: »Vergeuß sein Blut!«
Dem Rachegierigen gegeben in die Hand,
Sprach er betrübt bei sich in seines Herzens Brand:

»Wenn ich nicht gegen mich den Freund hätt' aufge-
bracht,
Wie hätte wohl der Feind mir wehzutun die Macht?« –
Natürlich hat der Feind dein Fell entzweigerissen,
Geselle, der den Freund zu kränken war beflissen,
O daß du mit dem Freund ein Herz wärst und ein
Mund,
So war' von selbst der Feind entwurzelt aus dem
Grund.

*

Ein Lehmbeschmutzter schlug den Weg ein zur Mo-
schee;
Um die Beschmutzung war ihm selber wunderweh.
Den Eintritt wehrt' ihm wer: »Sei dir die Hand ver-
dorrt!
Komm mit beflecktem Saum nicht an den reinen Ort!« –
Mir ward das Herz gerührt, als ich vernommen dies,
Denn rein und lustreich ist das höchste Paradies.
In diesem Wonneraum der hoffnungsreichen Reinen
Dürft' ein mit Sündenlehm Beschmutzter wohl erschei-
nen?
Das Paradies empfahn, die treu in Werken waren;
Wer Bares lösen will, der kommt zu Markt mit Waren.
Beeile dich, vom Saum den Staub der Schmach zu
schwemmen;
Denn unversehns wird man den Strom von oben däm-
men;
Des Glückes Vogel ist entronnen deinem Band,
Doch hältst du noch ein End' des Fadens in der Hand.
Spät ist's schon; doch schreit' nur scharf auf, frisch und
munter!
Zu späte fürchtet nicht zu kommen ein Gesunder.
Noch band des Bittens Hand der Todestag dir nicht;
Erhebe sie zum Thron des, der das Urteil spricht!
Sünder, der du liegst im Schlummer, auf, erwach'!
Zur Sündentschuldigung gieß einen Augenbach!
Da man nun doch einmal die Wasser muß vergießen,

So lassen wir es denn auf dieser Gasse fließen.
Und fehlt's am Wasser dir, sei dein Vertreter einer,
Bei dem ergiebiger dies Wasser ist und reiner.
Will Gott mich mit Gewalt von seiner Türe stoßen,
Mögen vertreten mich die Geister jener Großen.

*

Die Ernte legt' ein Mann auf Haufen im August,
Nicht für'n Dezember hatt' er Sorgen in der Brust.
In einer Nacht betrank er sich und schürt' ein Feuer,
Der glückverlass'ne Tor verbrannte seine Scheuer.
Des andern Tages las er auf der Stoppel Ähren,
Weil ihm kein Körnchen war geblieben zum Ernähren.
Wie sie nun sinnverwirrt den Bettler gehen sahn,
Sprach einer mahnend so den eignen Zögling an:
»Wenn du nicht also willst umirren trübgemut,
So setz in Wahnsinn nicht die eigne Scheu'r in Glut.
Wenn dir das Leben ging im Bösen aus der Hand,
So bist du der gesetzt die Scheuer hat in Brand.
Beschämend ist es, wenn man Ähren liest zuletzt,
Nachdem man selbst in Brand die Scheuer hat gesetzt.
Mein Leben, tu das nicht! Sä' Frömmigkeit mit Rat,
Und gib dem Wind nicht preis des guten Namen Saat.
Wenn ein Unseliger in Weh gestürzt sich hat,
So nehmen Glückliche davon der Warnung Rat.
Erhebe heut den Kopf aus der Betäubung Kragen,
Und morgen nicht beschämt ihn auf der Brust zu tra-
gen.«

*

Mit etwas Häßlichem wollt' einer ab sich geben;
Ein wohlgesinnter Mann ging ihm vorüber eben.
Und jener saß, daß ihm vor Scham der Schweiß aus-
brach:
»Vorm Scheich des Stadtquartiers bin ich beschämt,
ach, ach!«
Der Geisteserleuchtete gewahrte was er dachte,

Und sprach zu ihm, indem sein edler Zorn erwachte:
»O schämst du, junger Mann, nicht selber dich vor dir?
Gott ist zugegen, und du schämest dich vor mir!« –
Willst du von irgendwem unangefochten sein,
So hab auf niemand acht, als nur auf Gott allein.
Schäme dich nur so viel vor deinem Herrn, o Kind,
Als du vor Fremden tust und deinem Hausgesind!

*

In Sanaa legte man ein Kind von mir ins Grab;
Was soll ich sagen, was es mir für Schmerzen gab!
Es ist kein Wunder, daß die Erde Rosen bringt,
Da so viel Rosenwang' und Glieder sie verschlingt.
Zum Herzen sprach ich: »Stirb, o du der Welt Unpreis!
Denn rein geht hin das Kind, und schuldbefleckt der
Greis.«
Aus schmerzlicher Begier nach seiner Wohlgestalt
Drängt' ich mich in sein Grab durch einen Felsenspalt.
Vom Schauder an dem Ort der Dunkelheit und Enge
Schwand mir die Färb' und kam der Odem ins Gedrän-
ge.
Als aus der Wandelung ich zu mir wieder kam,
War's meines Lieblings Ton, den ich im Ohr vernahm:
»Wenn dich verstöret hat die Dunkelheit der Stelle,
So sei bedacht, wie du kannst eingehn in die Helle.
Soll dir des Grabes Nacht hell gleich dem Tage sein,
So bringe du mit dir der Werke Lampenschein.« –
Den Sonnenbrand erträgt der Landmann mit dem Lei-
be,
Damit nicht ohn' Ertrag der Palme Stamm ihm bleibe.
Die Leute meinen wohl, die allzu hoffnungsvollen,
Daß, wo sie nicht gesät, sie Ernte halten sollen.
Doch, Saadi, wer den Baum gepflanzt hat, ißt die
Frucht;
Und wer das Korn gestreut, trägt ein die Garbenwucht.

*

Pforte

Gebet und Schluß

Komm, laß vom Herzen uns erheben eine Hand
Die morgen heben sich nicht kann aus Staub und Sand.
In winterlicher Zeit, o siehst du nicht den Baum
Der durch die Kälte steht der Blätter leer im Raum?
Des Mangels leere Hand' erhebet er mit Flehn;
Wird vom Erbarmen er mit leerer Hand ausgehn?
Ein namhaft Ehrenkleid wird das Geschick ihm senden,
Der ew'ge Ratschluß wird im Schoß ihm Früchte spen-
den
O glaube nicht, daß dort zum nieverschloss'nen Tor
Je einer hoffnungslos die Hände heb' empor.
Sie alle bringen Dienst und Bitte bettlerhaft;
So komm, daß zu dem Thron der Bettlerpflegeschaft
Wir wie die nackten Zweig' auch unsre Hand erheben;
Denn länger können wir der Frucht uns nicht begeben.
O Lenker des Geschicks, tu einen Blick der Huld;
Denn kommen kann von uns im Leben nichts denn
Schuld.
Ja, Sünde kommt allein vom staubgebückten Knechte
In Hoffnung auf des Herrn vergebungsreiche Mächte.
Wir sind die Pfleglinge, Großmüt'ger, deiner Labe
Die Kinder, die gewöhnt sind an des Vaters Gabe.
Da wo der Bettler sieht Großmut und Mild' und Spen-
den,
Wird er sich ab vom Schweif des Spendenden nie wen-
den.
Da du in Ehren hier uns hieltest in der Welt,
Ist unsere Hoffnung, daß man dort auch so uns hält.
Ehr' und Erniedrigung verleihest nur du einer,
Erniedern den von dir Geehrten wird keiner.
Bei deiner Ehr', o Gott, erniedrige mich nicht!
Beschäme nicht mit Schmach der Schuld mein Ange-

sicht.

Vor deinem Angesicht muß ich genug mich schämen;
O laß nicht Schande mich vor einem andern nehmen!
Gib über mich Gewalt nicht einem meinesgleichen;
Besser von deiner Hand wird mich die Straf erreichen.
So schlimm auf dieser Welt ist nichts wie dieses
Schlimme
Dulden zu müssen Schmach von eines Gleichen Grim-
me.
Doch wenn mir auf das Haupt von dir ein Schatten
fällt,
So ist mein niedrigstes Gemach das Sternenzelt.
Und wenn ein Königsschmuck das Haupt mir soll um-
lauben,
Bewahr ihn mir, daß ihn mir niemand dürfe rauben.
Nie denk' ich, ohne daß erzittert mein Gebein,
An jenes Brünstigen Gebet beim heil'gen Schein
So sprach der Brünstige, den Busen heiß von Wehn:
»Vergib mir, o mein Gott, verschmähe nicht mein
Flehn!«
So tiefbekümmert sprach er zum Erbarmungsreichen:
»Verlaß mich nicht! es wird die Hand mir niemand rei-
chen.
Ruf mich in Huld herbei, treib' mich nicht von der Stel-
le;
Es hat ja keinen Ort mein Haupt als deine Schwelle.
Du weißt, daß ohne Hilf und ohne Rat ich bin
Bedrängt von Sinnlichkeit, der bösen Heischerin.
Nicht also bäumen sich die trotzigen Gewalten,
Daß die Vernunft vermocht' am Zügel sie zu halten.
Wer könnte mit Gewalt begegnen ihrem Sturm?
Aufnehmen kann den Kampf mit Tigern nicht der
Wurm.
O bei den Männern, die auf deinen Wegen gehn,
Gib einen Weg und laß den Feinden mich entgehn!
Herr, bei der Herrlichkeit, dem Wesen, das dir eigen,
Den Eigenschaften des ohn' Ähnliches, ohne gleichen!
Beim Ruf der Pilgerschar im heiligen Gebiete!
Bei dem Begrabenen in Jathreb (ihm sei Friede)!

Beim Schlachtruf »Gott ist groß« der Helden in den
Schlachten,
Die selbst nur als ein Weib den Mann in Waffen achten!
Bei aller Frömmigkeit der alten Treubemühten,
Bei aller Innigkeit der jungen Neuerblühten!
Spring mir in diesem Drang der einen Stunde bei
Gegen die Schmach, daß ich vom einen sage zwei!
Mein Hoffen steht auf die, die gute Werke taten,
Um zu vertreten die, die solcher Werk' entraten.
O bei den Reinen, halt' mich vor Besudlung rein;
Und wenn ich Schlechtes tat, laß es entschuldigt sein.
Bei allen Greisen, die mit andachtkrummen Rücken
Aus Scham vor Sündigem auf den Fußrücken blicken!
Verschließ' mein Auge nicht vor meiner Seele Wohl,
Und meinen Mund nicht, wo er dich bezeugen soll!
Halt eine Leuchte hin mir auf den rechten Pfad,
Und halte mir gekürzt die Hand von böser Tat!
O wende mir vom nicht zu Seh'nden ab den Blick,
Und vom Unziemenden zieh' mir die Hand zurück!
Ich bin das Stäubchen Nichts im Hauche deines Seins;
Dasein und Nichtsein ist in meiner Kleinheit eins.
Vom Sonnschein deiner Huld g'nügt mir ein einz'ger
Glanz,
Damit auf ewig man mich seh' in Freudentanz.
Sieh einen Schlechten an, der nicht verdient das Glück!
Dem Bettler ist vom Schah genug ein gnäd'ger Blick.
Willst du mich fassen nach Verdienst und Recht, so
klagt
Mein Herz, daß deine Huld nicht das ihm zugesagt.
O treib' mich nicht, mein Gott, von deiner Tür mit
Schmach!
Denn denkbar ist für mich kein ander Ruhgemach.
Und wenn aus Unverstand ich fernblieb ein paar Tage,
Komm' ich zurück, o nicht die Tür vor mir zuschlage!
Was zur Entschuldigung der Unzucht führ' ich an?
Nur meine Schwachheit bring' ich vor: o reicher Mann,
Ich bin ein armer, faß mich nicht bei meiner Schuld!
Ein reicher Mann hat mit dem Bettelmann Geduld.
Um meine Schwäche was soll klagen ich Unnützer?

Ich selber zwar bin schwach, doch stark ist mein Be-
schützer.
Aus Unbedachtsamkeit brach ich, o Gott, den Bund;
Wo ist Anstrengung, die dem Schicksal widerstund?
Bei allem meinem Rat was kommt heraus? Genug
Ist dieser Spruch zu meines Fehls Entschuldigung:
Du hast all, was ich tat, geworfen über'n Hauf;
Welch Selbstsein nähm' es wohl mit dem Selbstsei'nden
auf?
Ich habe nicht mein Haupt entzogen deiner Macht,
Von deiner Macht ist's so mir übers Haupt gebracht.
Mein Gott, wir nahen dir mit mangelhaftem Zoll;
Wir nahn mit leerer Hand und Herzen hoffnungsvoll.«
Als einen Schwärzlichen einst jemand häßlich hieß,
Erwidert' er darauf, was jenen staunen ließ:
»Ich selber habe nicht mein Bild hervorgebracht,
Daß du mich tadeltest, ich hab' es schlecht gemacht.
Was geht die Häßlichkeit meines Gesichts dich an,
Da ich kein häßliches noch schönes machen kann?« –
Dem, was von Anbeginn du schriebest an mein Haupt,
Dem wird nichts zugesetzt, o Herr, und nichts geraubt.
Und du weißt wohl, daß mir jedwede Kraft gebrach;
Allmächtig unbeschränkt bist du; wer bin ich, ach!
Wenn du den Weg mir zeigst, gelang' ich hin zum
Glück;
Und wenn du mich verlierst, bleib' ich vom Ziel zu-
rück.
Wenn seinen Beistand nicht verleiht der Welternährer,
Wie könnte frommes Werk vollbringen ein Verehrer!

*

Wie treffend ist, was einst der schwache Derwisch
sprach,
Der Buße tat bei Nacht, und sie am Morgen brach:
»Wenn er die Buße schenkt, dann ist sie dauerhaft;
Denn unsre Festigkeit ist ohne Halt und Kraft.« –
Bei deiner Wahrheit! schleuß mein Aug' dem Lügen-
schein

Bei deinem Lichte! gib mich nicht der Feuerpein!
Zur Erde vom Verdruß ist mein Gesicht gelegt,
Und meiner Sünde Staub zum Himmel aufgeregt.
O der Barmherzigkeit Gewölk, gib einmal Regen;
Denn vor dem Regen hält kein Staub sich auf den We-
gen.
Verschuldung gibt mir Raum im Erdenreiche nicht,
Und auf das Himmelreich was gibt mir Zuversicht?
Du hörst die Seelen, wo die Zungen sind gebunden;
Den Balsam gibst nur du für alle Herzenswunden.

Aus Saadis Gulistan

Von den Gesinnungen der Derwische

Siehst du, ein ehrlich Kleid hat einer an,
Laß gelten ihn für einen Ehrenmann;
Weißt du nicht wie bestellt sein Innres sei,
Was hat im Haus zu tun die Polizei?

*

Anzuklagen hab ich mich versäumten Dienstes,
Denn nicht Beistand kann erfüllte Pflicht mir leihn.
Gottverehrer flehn, die Sünde zu vergeben,
Gotterkenner, die Verehrung zu verzeihn.

*

Böcke sind auf Gottes Trist und Lämmer,
Sufis nehmts nicht übel, wir sind Schlemmer.
Jeder hat sein Werk und seine Hoffnung;
Wir sind Bettler dieser Stadt, nicht Krämer.

*

In der Demut Staub das Antlitz senkend
Sprech ich, wenn mich weckt des Morgens Hauch:
O du dessen nimmer ich vergesse,
Denkest du wohl deines Knechtes auch?

*

Wer kommt, daß er dir andrer Fehl' aufzähle,
Bringt ohne Zweifel andren deine Fehle.

*

Wer kann wissen welch ein Mann steckt in dem Kleid?
Nur der Schreiber weiß des Briefes Heimlichkeit.
Oder: Wer weiß was in des Herzens Tiefe steht?
Der Schreiber nur weiß was im Briefe steht.

*

Nicht im härenen Gewand ist Klausnertum,
Sei im Geist ein Klausner und leg alles um.

*

Die Frommen tragen Kutten ums Genicke,
Doch aufs Geschöpfe richten sie die Blicke.
Die Frömmigkeit ist, weltlichen Begierden
Entsagen, nicht entsagen Kleiderzierden.
Tu fromme Werk und was du magst, leg an,
Trag auf dem Haupt den Helm, am Arm die Fahn!
Im Panzerrocke stecken muß ein Ritter,
Was hilft das kriegrische Gewand dem Zwitter?

*

Seht die Frommen, die sich in die Kutte stecken,
Machen aus der Kaaba Vorhang Eselsdecken.

*

Einer von dem Trupp macht einen dummen Streich
Und entgelten müssen all es, arm und reich.
Auf der Weide hat sich eine Kuh befleckt.
Sieh, und alle Küh im Dorfe sind bekleckt.

*

Auch nur ein Ungehobelter allein
Ist einer sinnigen Gesellschaft Pein.

Ein ganz Bassin voll Rosenwasser mache!
Ein Hund fällt drein und es ist eine Lache.

*

Bei der Kaaba, fürcht ich, kommst du, Araber, nicht an,
Denn der Weg hier, den du einschlägst, geht nach Tur-
kistan.

*

Der die Tugend auf der flachen Hand
Und das Laster unterm Arme hält,
Was, betörter Mann, am Tag der Not
Willst du kaufen für dein falsches Geld?

*

Nur sich selber sieht der Anspruchsvolle,
Dessen Blick umschleiert Eigenwahn.
Wenn ihm würd' ein Auge Gott zu schauen,
Sah er sich in seiner Ohnmacht an.

*

In der Menschen Augen ist mein Äußres schön,
Während ich verborgne Fehler büße.
Alle Welt belobt am Pfau die Farbenpracht,
Doch er schämt sich seiner garst'gen Füße.

*

Man fragte jenen, der den Sohn verloren:
O weiser Greis, von hohem Stamm geboren,
Du röchest aus Ägypten Josephs Hemde,
Wie blieb er dir in Kanans Brunnen fremde?
Er sprach: Ein Blitzstrahl ist, was wir empfinden,
Der bald sich zeigt, bald wieder muß verschwinden.
Bald ist im vierten Himmel mein Entzücken,

Bald seh ich nicht bis auf des Fußes Rücken,
Wenn stets der Derwisch blieb' in seinem Stand,
So schlug er die zwei Welten aus der Hand.

*

Der nahe Ferne

Er ist näher mir als ich mir bin,
Und, o Rätsel, fern empfind' ich ihn.
Wie erklär' ichs? er ruht mir im Schöße
Und mir ists als ob er mich verstoße.

*

Wenn dem Hörer für die Rede fehlt der Sinn,
Fordre Schwung nicht von dem Rednergeiste;
Bring ihn erst zum Spielraum guten Willens hin
Und dann sieh was er im Ballschlag leiste.

*

Pilgerlied

Wie lange geht des armen Pilgers Fuß,
Wo selbst ermattet keucht der Dromedar!
Indes der Wohlbeleibte schmächtig wird,
Da ist der Schmächtige gestorben gar.

*

Angenehm ist's, unterm Dornbusch
Auf der Wüste Weg auszuruhn,
Wo die Mannschaft aufbrach,
Doch Verzicht aufs Leben muß man tun.

Wenn jammervoll zu töten mich hingibt der werte
Freund,
O denk nicht, in dem Augenblick tu' mir mein Leben
leid.
Ich sage: welch ein Fehl ist von mir Armen denn ge-
schehn,
Wodurch ich ihn erzürnte? das nur eben tut mir leid.
Wenn du in Not gerätst, verzweifle nicht Gesell,
Zieh Freunden aus den Pelz und Feinden ab das Fell!

Was Kutte, Rosenkranz und heil'ge Lumpen?
Sei fromm und dir nichts Schmähliches erlaube.
Du brauchst, um einen Derwisch vorzustellen,
Den Kopf nicht zu bedecken mit der Schaube.
Ein Derwisch an Gesinnung sei und trage
Dann auf dem Haupte die Tatarenhaube.

Derwischlied

Als wir mit der Pilgerkarawane nach Hidschas aus
Kufa zogen, gesellte sich zu uns ein Derwisch,
barhaupt und barfuß, und sang:
Nicht Reiter auf dem Kamel, noch Maultier unter der
Last,
Nicht ein Gebieter der Sklaven, noch Sklav' aus dem
Palast,
Besorgt nicht für das Dasein noch um das Nichtsein
bang,
Ruhig im Augenblick also geh ich mein Leben lang.

Der Heuchler

Der ganz wie die Pistazie lauter Kern mir schien,
Haut über Haut als wie die Zwiebel fand ich ihn.
Ein solcher Frommer betet mit dem Rücken
Zur Kibla, zum Geschöpfe mit den Blicken.

*

Der Knecht, der sein den Herrn will nennen,
Darf auch nichts außerm Herren kennen.

*

Ein Eisen, das der Rost zerfressen,
Macht kein Polieren wieder rein;
Was hilft es, finstern Herzen predigen?
Der Nagel dringt nicht in den Stein.

*

In des Wohlseins Tagen nimm dich der Bedrängten an,
Weil des Armen guter Wunsch Unheil abwenden kann.
Was dir abverlangt des Bettlers flehende Gestalt,
Gib es oder ein Bedrückter nimmt es mit Gewalt.

*

Man kann kein kleinstes Wort im Scherze sagen,
Dem Weisen wird es eine Lehre tragen.
Von Weisheit hundert Hauptstück einem Toren
Gepredigt, sind ein Scherz in seinen Ohren.

*

Dein Innres stopfe nicht mit Fraß, wenn leuchten
Erkenntnisleuchte soll in deinem Glase.
So leer von Einsicht bist du nur deswegen,
Weil du bist so voll Fraß bis an die Nase.

*

Der Strafe Gottes kannst du durch die Büß entgehn,
Doch nicht entgehn kannst du den Menschenzungen.

*

Sei lieber gut und laß dich böse schmähn,
Als böse und dich für gut ansehn.

*

Wenn ich täte, was ich spräche,
Stürb' ich als ein Heiliger.
Schließen unsre Tür wir vor den Leuten,
Daß sie unsre Fehler nicht ausdeuten,
Was hilft der Verschluß, da ein allklares
Auge sieht geheim und offenbares!

*

Sei guten Wandels, daß nichts möge finden
An dir der Übelwollende zu rupfen.
Die Laute, wenn sie hat die rechte Stimmung,
Was braucht der Spieler sie am Ohr zu zupfen?

*

Wenn das Herz dir jede Stunde geht woanders hin,
Bringt dir Einsamkeit auch in der Klause nicht Gewinn.
Ob du Geld und Güter hast und machst Geschäfte mit,
Wo dein Herz bei Gott nur ist, bist du sein Eremit.

*

Nicht Bulbul unter Rosen nur hat Seinen Preis gesungen,
Am Strauch sind alle Dornen, Ihn zu preisen, feine Zungen.

*

Wo weltlich Gut nicht ist, ruhn wir auf Nesseln
Und wo es ist, da wird es uns zu Fesseln.
Kein größer Ungemach als diese Welt,
Die, sei sie oder nicht, zur Last uns fällt.

*

Die Angestellten

In der Würd', in Amtes Drang und Treiben
Haben sie nicht für Bekannte Zeit.
Wenn sie trifft Verlassenheit und Armut,
Tragen sie zum Freund ihr Herzeleid.
Wenn ein lästiger Gast zur Tür
Hinaus will, halt ihm die Hand nicht für.

*

Mir ward erzählt: ein Mann von edlem Stamm
Riß aus des Wolfes Rachen einst ein Lamm.
Nachts setzt' er ihm das Messer an die Kehle,
Darob wehklagete des Lammes Seele:
Du wolltest aus Wolfsklauen mich befrein,
Das seh ich nun, um selbst mein Wolf zu sein.

*

O der du in des Haushalts Fußblock liegest,
Umsonst, daß du in Freiheitstraum dich wiegest!

Die Sorg um Kind, um Speis und um Gewand
Zieht dich ab von der Reis' ins Himmelsland.
Den ganzen Tag such ich es zu beschicken,
Um in der Nacht mit Gott mich zu erquicken;
Wenn ich die Nacht nun im Gebet gesessen,
Was werden meine Kinder morgen essen?

*

Der schöne Schenke

Um ihn verdursten Menschen, denn er ist
Ein Schenke nur zum Sehn und nicht zum Schenken;
Das Auge wird vom Sehn so wenig satt,
Als Euphrats Flut die Wassersucht kann tränken.

*

Wer etwas hat, wem etwas fehlt,
Sei Geistlichen nicht beigezählt.

*

Welch Geistlicher dein Gold nimmt gern,
Such du dir einen Geistlichem.

*

Ich Hungriger laur' an der Speisezelle,
Wie vorm Frauenbad ein Junggeselle.

*

Weltentsagung predigen sie der Welt,
Selber häufen sie Getreid und Geld.
Welcher Weise nichts als Reden hat,
Wenn er redet, findets keine Statt.

Der ist weise, der nach Gutem ringt
Und nicht lehrt, was er nicht selbst vollbringt.

*

Ein Prediger, der seiner Lust und seines Leibs will pflegen,
Geht irre selber, kann er wohl uns leiten auf den Wegen?

*

Antwort

Hör ein Wort des Weisen, mag sein Wort auch
Nicht auf seine Taten sich erstrecken.
Ohne Kraft ist, was die Spötter sagen:
Kann die Schläfer wohl ein Schläfer wecken?
Nimm, o Mann, den Rat, wo du ihn findest,
Seis auch von der Schrift an Mauerecken.

*

Vom Kloster trat ein weiser Mann ins Lehramt ein
Und brach der Weltentsagung heil'ge Kette.
Denselben fragt ich: Sage mir, aus welchem Grund
Von dort du hier herüber bist getreten.
Worin erkennest du den großen Unterschied
Vom Weisen dieser Welt und vom Asketen?
Er sprach: Sein Hemd will dieser aus dem Wasser ziehn
Und jener sucht Ertrinkende zu retten.

*

Ein tiefes Wasser trübt kein Steinwurf leicht;
Wenn Weisheit sich erzürnt, ist sie noch seicht.

*

Wenn jemand weh dir tut, laß dichs nicht kränken,
Vergib und dir auch wird man Sünden schenken.
Da alles endlich wird dem Staub zum Raube,
Freund, werde Staub bevor du wirst zum Staube.

*

Höre diese Mär, wie in Bagdad
Fahn' und Vorhang einst gestritten hat.
Fahne müd vom Ritt, vom Weg bestaubt,
Häufte Vorwurf auf des Vorhangs Haupt:
»Sind wir beide doch Schulkameraden,
Hofbediente von des Sultans Gnaden;
Ich nun durfte rasten nie von Müh,
Stets auf Reisen war ich spät und früh,
Weder Märsche noch Belagerungen
Machtest du, noch wardst vom Wind geschwungen,
Weit an Tat bin ich voraus vor dir,
Wie hast du den Vorzug nun vor mir?
Du hier um mondschöne Knaben schwebend,
Ros'ge Mädchen senkend dich und hebend?
Ich dort in der Knechte Hand gefallen,
Muß gefesselt gehn und tummelnd wallen.«
Vorhang sprach: »Das Haupt zur Schwelle neig' ich,
Nicht wie du voll Stolz zum Himmel steig' ich.
Wer sich mit hochmütigen Gebärden
Überhebt, fällt mit dem Kopf zur Erden.«
Laß dein Pochen auf die Faust, dein Großtun mit dem
Mannesleib!
Unterliegend niederm Triebe, bist du Mann dann oder
Weib?
Bringe lieber, wo es geht, auf Lippen Honigtropfen,
Keine Manneskunst ist's, mit der Faust den Mund zu
stopfen.

*

Wenn dir der Gefährte voreilt, ist er dein Gefährte
nicht;
Binde nicht dein Herz an einen, der nicht seins in dei-
nes flicht.

*

Von dem Werte der Genügsamkeit

Genügsamkeit, o mache du mich reich,
Denn außer dir ist Reichtum nicht zu finden.
Entsagung ist was Lokman wählt, denn nur
Mit Weisheit kann Entsagung sich verbinden.

*

Ich Ameis, die sie treten mit den Füßen,
Nicht Wesp' um deren Stich sie klagen müssen,
Wie kann ich Dank genug der Gnade sagen,
Daß mir die Macht nicht, ward die Welt zu plagen.

*

Trocknes Brot soll mir genügen und geflicktes Lappen-
kleid,
Leichter ist die Last der Armut als die Last der Dank-
barkeit.

*

Des Kleides Lappen flicken und im Armutwinkel blei-
ben,
Ist besser als um ein Gewand an reiche Lappen schrei-
ben.
In Wahrheit scheint mit Höllenpein mir gleich zu stel-
len dieses:

Durch Nachbars Beistand einzugehn zur Lust des Paradieses.

*

Dann wird seine Zung ein Weiser rühren
Oder seine Hand zum Bissen fuhren,
Wenn aus seinem Schweigen Schaden käme,
Und er durch sein Fasten Schaden nähme;
Also wird sein Reden bringen Zucht
Und sein Essen der Gesundheit Frucht.

*

Das Wölflein zu füttern, ein Mann sich befliß,
Da ward es ein Wolf, der den Mann zerriß.

*

Wir essen, um zu leben und nicht Gottes zu vergessen,
Du aber bist des Glaubens, daß du lebest um zu essen.

*

Iß nicht soviel, daß dirs im Schlund aufsteht,
Und nicht sowenig, daß die Seel' im Mund ausgeht.

*

Iß, wenn du ein Mensch bist, mit Mäßigkeit,
In Schmach bringt den Hund seine Fräßigkeit.

*

Besser nicht beim großen Herren betteln,
Als daß von der Tür dich stößt sein Wächter;
Besser ohne Fleisch im Topfe sterben,
Als daß an die Schuld dich mahn' ein Schlächter.

*

Hätt' er als seinen Brodlaib
Im Tischkasten die Sonnenscheib',
So bekäme bis zum Jüngsten Tag
Die Sonne zu sehn weder Mann noch Weib.

*

Aus Saadis Diwan

Lieblich zeigt in meinem Spiegel sich dein Bild,
Weil der Spiegel rein ist und das Bildnis mild.
Wie ein lautres Glas den Wein, so offenbart
Deine Antlitzschöne schöne Sinnesart.
Wer mit einem Blick dich sah, auf einen Schritt
Mit dir ging, trägt ewig von dir Unruh mit.
Mag das Wild im Felde sich dem Netz entziehn,
Doch zu deinem Netze zieht der Trieb uns hin.
Einen Vogel, der einmal liebt einen Ort,
Mag man töten, und er geht von dort nicht fort.
Eifersüchtig auf dein Weh in meiner Brust,
Hab' ich keinem Arzt den Schmerz zu klagen Lust.
Laß mich dir zum Opfer dienen! stirbt nicht gern
Vor der Sonnenfackel Lämpchen Siebenstern?
Wenn du lächelnd einen Ärmel schüttelst aus,
Halten Papagei und Fliege Zuckerschmaus.
Wenn das süße Püppchen einmal trutzig sitzt,
Wollen Anspruchsvolle lauter Süßes itzt.
Deinen Garten zu beschaun ist Saadis Wahl,
Niedre Hunde drängen sich zum Raubemahl.

*

Das sehnsuchtsvolle Herz ging durch des Gartens
Pracht,
Vom Blumenwürzeduft ward's außer sich gebracht.
Die Nachtigall rief dort, die Rose winkte hier,

130

Da fielest du mir ein, und sie entfielen mir.
Dein Bild im Herzen und dein Siegel auf dem Mund,
Dein Rausch im Haupt, dein Duft geheim im Seelen-
grund.
Seit deinen Bund ich schloß, brach ich die andren Bün-
de,
Denn jedes Band nach dir zu lösen ist nicht Sünde.
Seit deiner Liebe Dorn ergriffen meinen Saum,
Wird mich zum Rosenbeet die Lust verlocken kaum.
Wohl fühlt ein Herz, wenn solch ein Weh es nieder-
warf,
Daß es nach Arzenei die Hand nicht strecken darf.
Wenn dich zu suchen Müh uns kostet, ist's kein Schade;
Die Lust zum Heiligtum macht glatt der Wüste Pfade.
Und wer auf einen Freund mit Brauenbogen blickt,
Der muß ein Schild sein, das vor keinem Pfeil er-
schrickt.
Und kommt ins wunde Herz vom Köcher jeder Pfeil,
Sei dies mein Teil, daß ich der Opfer bin ein Teil.
Sie sagen: Saadi, sag nicht solche Liebesklagen.
Ich sage sie und lang nach mir wird man sie sagen.

*

Dem Schlaftrunknen leuchtet nie das Leben ein,
Was ist rechtes Leben? Trunkenheit vom Wein.
Meine nicht, daß ich von solchem Wein dir sprach,
Der die Schenken baut und den Verstand reißt ein.
Trunken sollst du sein vom Liebesseelenwein,
Was dir den Verstand benimmt, ist Weh allein.
Willst du Hofdienst, weigre den Gehorsam nicht,
Willst du Läuferstelle, stell den Lauf nicht ein.
Der du fortschläfst und der Trupp bricht auf, du wirst
Dein Herberg, furcht ich, sehn im Traum allein.
Eh du Pflichtsaat streutest, wirst du Lebensfrucht
Nicht einernten, arbeit' und der Schatz ist dein.
Tief in Finsternissen ist des Lebens Quell,
Perl in Meeresgründen, Schatz in Wüstenein.
Wer den Ring beständig an die Platte schlägt,

Ließe man nicht eines Tages ihn doch wohl ein?
Gehn am Tage muß man, um dem Ziel zu nahn
Und bei Nacht ruhn bis herankommt Sonnenschein.
Saadi, wenn du ohne Dienst den Lohn verlangst,
Durstig liegt der Reisende beim Wasserschein.

*

Die ganze Nacht nicht schliefen wir,
Wohl, Mittagsschläfer, bekomm es dir!
Die Durstigen starben in der Wüst'
Und das Wasser von Hilla nach Kufa fließt.
Du stark von Bogen, von Treue schwach,
So hieltest du Wort dem Freunde ach?
Gleich Dörnern, wo ich nicht bei dir bin,
Ist mir das Lager von Hermelin.
Du angeschaut von verliebter Schar
Wie von Andächtigen der Hochaltar!
Ich gab in der Liebe Zucht meinen Schopf
Und ging in die Schule mit greisem Kopf.
Gift ist, kredenzt von der zarten Hand,
Mir in der Kehle wie Zuckerkand.
Den Tollen im Gäßchen der Schönen tut
Nicht weh Torwächterübermut.
Nichts kann ums Leben Saadi bringen,
Als wenn ihm seine Freund' entgingen.

*

Durch ihn will ich mich der Welt freun,
Weil sich freut die Welt durch Ihn,
Alle Schöpfung will ich lieben,
Weil sie steht und fällt durch Ihn.
Mache dir zu Nutz, o Freund,
Den jesusgleichen Morgenhauch,
Daß er totes Herz belebe,
Denn er ist geschwellt durch Ihn.
Nicht den Himmeln ist gegeben,
Nicht den Engeln verliehn,

Was der Adamskinder dunkle Herzenstief',
Erhellt durch Ihn.
Gift will ich mit Süße trinken,
Weil der Schenke reizend ist,
Schmerz will ich mit Willen tragen,
Weil er Heil erhält durch ihn.
Wenn nicht meine blutge Wunde besser wird,
Ist's besser so,
Heil der Wund', in die zu jeder Stunde
Balsam fallt durch Ihn.
Weh und Wohlsein, für den Weisen
Hat es keinen Unterschied.
Auf sein Wohlsein, Schenke!
Weil mein Wohlsein mir gefällt durch Ihn.
Fürstentum und Bettlertum
Ist beides einerlei für uns,
Weil Anbetung jeden Rücken krümmt
Vor diesem Zelt durch Ihn.
Saadi, wenn das Haus des Lebens
Der Vernichtung Strom zerbricht,
Halt das Herz fest, denn der Bau
Der Dauer ist festgestellt durch Ihn.

*

Nun Rosengeruch und Vogelgesang,
Tage der Lust und Flurengang.
Herbst Kämmerer hatte die Blätter gestreut,
Lenz Maler hat nun den Garten erneut.
Wir haben nicht Lust in den Garten zu gehn,
Frühling ist überall, wo wir dich sehn.
Nach Schönen zu blicken, verpönt ist es traun,
Doch nicht mit solchem Blick wie wir schaun.
Der Schöpfung Geheimnis, so klar ist das
In deinem Antlitz wie Wasser und Glas.
Um dich mit dem rechten Auge zu sehn,
Möcht' ich des linken verlustig gehn.
Welch Herz kein Gepräge vom Siegelstein
Der Lieb annimmt, ist ein Ziegelstein.

Mich hat verbrannt mit Haut und Schopf
Das Feuer unter der Sehnsucht Topf.
Das Klagen Saadis ohne Maß,
Sie sagen, wider Vernunft ist das.
Der weiß es nicht in welcher Flut
Wir stecken, der draußen am Ufer ruht.

*

Komm, an Friede, Freundlichkeit
Und Freundschaft ist die Reihe nun,
Auf Beding, daß wir mit Schweigen
Das Vergangne lassen ruhn.
Nicht auf Liebe mehr zu kreisen,
War mein Vorsatz fest und stät,
Dich erblickt ich und der Einsicht
Falkenauge war vernäht.
Mich den Herzbetrübten tadeln
Mag ein solcher, der nicht sieht,
Welchen Umfang hat die Liebe
Und die Schönheit welch' Gebiet.
Was kann meine Gier erjagen,
Gibst den Weg zu dir du nicht?
Schwach ist des Bestrebens Auge,
Welchem fehlt der Leitung Licht.
Süßer ist des teuren Lebens
Untergang von deiner Hand
Tausendmal, als aufzusuchen
Andern Schutzes Unterpfand.
Ob ich niemals mich vergangen?
Wenn du scharf danach willst sehn:
Daß ich ging von deinem Antlitz,
Übrig g'nug ist das Vergehn.
Gegen deinen Sinn zu handeln,
Kann mir kommen nicht in Sinn;
Wie könnt' ich den Herrn verklagen,
Dessen Landeskind ich bin?
Nicht in einem Körperumriß
Sieht man soviel Geisteslicht,

Und in einem Koranabschnitt
Soviel Wunderverse nicht.
Ihrem Ende naht die Rede
Und das Leben seinem Ziel,
Doch der Schildrung deiner Schönheit
Fehlt an beiden Enden viel.
Saadis Buch der Trennungsklagen
War zu keinem Ohr gebracht,
Wo nicht einen Schmerzenseindruck
Seiner Worte Kraft gemacht.

*

Kein Reich auf Erden ist dem Reich der Bettier gleich,
Kein Reichtum ist als wie Zufriedenheit so reich.
Wenn irgendeinem Mann hier mag ein Rang zukom-
men,
Der ist's, der keinen Rang bei andern eingenommen.
Viel Eigenschaften sind, entsage du der Haft
Der Eigenschaften, nichts ist bessre Eigenschaft.
Wer ist der Mann der hier zur wahren Kenntnis kam?
Der ist's der auf der Welt von niemand Kenntnis nahm.
Bekleidet wirst du sehn am Auferstehungsmorgen
Wer heute nackend geht und mag ein Kleid nicht bor-
gen.
Ein Gras und ein Gewächs mit einer guten Kraft
Ist besser als ein Mensch, der keinen Nutzen schafft.
Was, Bettler, weißt du denn von dem was gut dir tut?
Freu dich, wenn du nichts hast, gewiß es tut dir gut.
Der ist kein Freund, der sich will übern Freund bekla-
gen,
Nicht eine Blutschuld ist's, wen irgend Lieb erschlagen.
Das ist der Weg der Zucht den, Saadi, du gewiesen,
Du findest, wen du hörst, nicht bessern Rat als diesen.

*

Süßer ist kein Lebenslauf als Liebesnot,
Morgenrot Verliebter hat kein Abendrot.

Die Musik schweigt, aber die Verzückung blieb:
Einen Anfang, doch kein Ende hat die Lieb.
Einen unter Tausenden ergreift der Laut,
Denn nicht jeder ist dem Liebesgruß vertraut.
Jedem Wunsch der Wünscher ist ein Ziel gesteckt,
Doch das Wunschziel Wissender ist unentdeckt.
Nur Bekannte finden sich zu diesem Schmaus,
Zutritt hat der Pöbel nicht im Fürstenhaus.
Aloe hat Wohlgeruch nur, wenn sie brennt;
Reife wissen, daß der Rohe dies nicht kennt.
Jeder macht sich mit des Liebchens Namen groß,
Aber unser Liebchen nennt sich namenlos.
Frage mich nach Liebesrausch, und sei belehrt:
Was weiß einer, der nicht Hefen hat geleert?
Schlaf zur Unzeit ist's, der dir den Weg versteckt,
Sorg nicht, daß zur Unzeit Morgenruf dich weckt.
Saadi, wenn du Götzen brichst, nicht selbst es sei!
Selbdienst ist nicht minder als Abgötterei.

*

Du weißt es, ruhen kann ich
Nicht ohne dein Gesicht,

Die Last der Trennung trag' ich
So viele Tage nicht.

Von mir war' ohne Sehnsucht
Ein Stückchen? welch ein Märchen!

So unnütz ist an meinem
Leibe kein einzig Härchen.

Nach jenem Körnchen tat ich
Nur einen Blick, nicht mehr;

Ich sah's und fand aus dem Netze
Den Weg zurück nicht mehr.

Nachts will mich oft bedünken,
Nie woll' es werden Tag
Und seh' ich dich morgens, wünsch ich,
Daß Abend nie werden mag.

Zög' all die Stadt mit Hader
Und Streiten gegen mich aus,
Was frag' ich nach der Gemeinheit
In der Erwählung Haus?

Ich kam nicht aus Heuchelei, um
Zu gehn aus Verdruß davon,
Ich habe die Pflicht zu dienen
Auch sonder Ehr und Lohn.

Bei dir von Kopf zu Fuß
Schwör' ich: mit dir im Bund
Wird mir des Feindes Feindschaft,
Des Schmähers Schmäh'n nicht kund.

Ich liebe dich, ob Huld du
Mir oder Unhuld tust.
Bei deinen Augen, im Auge
Hab' ich nicht meine Lust.

Du wärst ein mißgeschaff'nes
Geschöpf, o Saadi, wenn du
Sagtest: ein Herze hab' ich,
Und kein Herzlieb dazu.

*

Ein Herz verliebt und entsagend,
Das mag ein Stein wohl sein,
Von Liebe zur Entsagung
Ist mancher Meilenstein.

O ihr Brüder der Wallfahrt
Redet mir nur nicht ein,

Denn frommes Werk auf Liebsweg
Ist das Glas und der Stein.

Wein und Musik will ich nicht mehr
Verheimlichen im Gemach,
Denn im Liebesglauben
Ist guter Nam' eine Schmach.

Auf welche Zucht soll ich hören,
Auf welchen Erprieß soll ich sehn?
Mein Auge steht auf die Schenke,
Mein Ohr aufs Lautengetön.

Zum Angedenken von Einem
Ergriff ich beim Gewand
Den Ostwind, was ergab sich?
Wind hab' ich in der Hand.

Meinem im Zorn Gegang'nen,
Wer bringt ihm von mir den Bescheid?
Komm, weggeworfen hab' ich
Den Schild, wenn du kommst zum Streit.

Töte mich, wie dir's im Sinn ist,
Denn ohne deine Schau
Ist für mein Dasein enge
Die weite Weltenau.

Durch Tadel aus Saadis Herzen
Wird Liebe nicht weggetaut.
Wer wäscht vom Mohr die Schwärzen?
Sie sind in seiner Haut.

Lieb ist mir daß dein Mondgesicht Gebrauch vom
Schleier mache,
Damit man wie die Sonne nicht es seh' auf jedem Da-
che.
Wer darf die Fremden schelten? wenn du selber deine
Schöne

Erblickst im Spiegel, räumt dein Herz die Brust mit
Lustgestöhne.
Zum Lachen ist es, wenn vor dir süß reden will ein
Schlucker,
Dein Lebenswasser, wo du lachst, entspringt aus dei-
nem Zucker.
Dem Morgenseufzer darf ich nicht den freien Gang er-
lauben,
Er möchte deinem Morgenhauch etwa die Reinheit
rauben.
Ein Putz ist nimmermehr im Stand dich reizender zu
putzen
Und keine Kräuslerin vermag dich schöner aufzustut-
zen.
Oft sagt' ich: zeige dies Gesicht doch nicht an jeder Stel-
le,
Damit es nicht ein Auge sieht das nicht ist geistig helle.
Hinwieder sag' ich: Bild und Sinn, die in dir aufgegan-
gen,
Vermag nur der zu schauen, wer die Kunst zu sehn
empfangen.
Ich lasse jedem Feind zu mir den Weg um deinetwillen,
Damit einmal ein Freund auch kommt und sagt von dir
im Stillen.
So schwer nicht fallen würd' es mir, wenn ich das
Haupt verlöre,
O Zarteste, als daß man ein Haar auf dem Haupt ver-
störe.
Nicht das ist Saadis Kummer, daß er sitz' im Staub der
Wege,
Nur daß er sich als Hindernis dir in den Weg nicht lege.

                            *

Nicht nur auf Erden ist nicht deinesgleichen,
Der Mond am Himmel muß an Glanz dir weichen.
Ich gebe nicht dem Wüchse der Zypressen
Mein Herz, sie können sich mit dir nicht messen.
Beim Brauenbogen! niemand in der Stadt

Ist der nicht deinen Pfeil im Herzen hat.
Hinfort wird niemand Menschenherzen fangen,
Denn keines blieb das deinem Strick entgangen.
Wenn auch du setzen magst auf meinen Platz,
Für dich ist auf der Welt mir kein Ersatz.
Gewiß, in solchen Busen seidenweich
Gehört nicht solch ein Herz dem Stahle gleich.
Die ganze Welt bewegt zum Liebespiel
Der Name Saadis, der dir selbst entfiel.

*

Wen einmal Liebe fing in ihren Stricken,
Der muß in ihre Launen auch sich schicken.
Wer nie verliebt sich hat, der ward kein Mann,
Das Silber wird nur rein, wenn es zerrann.
Kein Braver kann der Liebe Gasse nah'n,
Setzt er nicht Irdisches und Ew'ges dran.
In dein Gedenken muß ich mich versenken,
So daß ich nicht vermag an mich zu denken.
Der Liebe sagt' ich Dank und sag ihr Dank noch heut:
Sie hat mein Herz verbrannt, doch meine Seel' erfreut.
Gepriesen sei'st du süße Rednerzunge,
Von der ist all dies bittre Leid im Schwünge.
O Saadi, angenehmer als dein Wort
Gibt's für Verständ'ge keinen Lebenshort.

*

Brich ab und räume vom Gepäck das Zelt,
Denn in Bewegung ist der Zug der Welt.
Weib, Kind und Freund' und Leut' und Anverwandte
Sind Karawanenbrüder, Wegbekannte.
Laß nicht dein Herz an der Gesellschaft hangen,
Die weiter geht, wenn du bist weggegangen.
Staub sind von Anbeginn die Menschenglieder
Und recht beseh'n am Ende sind sie's wieder
Ist's besser nicht, daß anfangs man ans Ende
Denk, und sich übern eig'nen Wert nicht blende?

So viel verschlang die Erd' und and're leben
Die hochmutvoll das Haupt zum Himmel heben.
An einem Grab rief einer aus die Klage:
Sind dies die Erdenfürsten vor'ger Tage?
Ich sprach: Brich weg ein Brett vom Haupt der Schläfer
Und sieh ob es sind Fürsten oder Schäfer.
Er sprach: Es braucht das Brett nicht weggebrochen
Zu sein; ich weiß, sie sind ein Handvoll Knochen.
Der Rat ist bitt're Arzenei; sie wollen
Wie Juleb soll er durch die Gurgel rollen
Nun, solcher Art Purganz versetzt mit Zucker
Beut Saadis Apotheke jedem Schlucker.

*

Reiche, die ein Paradieshaus haben für den Armen,
Sollten auch zu jeder Stunde seiner sich erbarmen.
Doch du bist ein Schönheitreicher, Armer, unbedürftig,
Fragst nicht, ob sie sind verwundet, siechtumunterwür-
fig.
Was bekümmert dich, ob Kummer einen mag verzeh-
ren,
Da, je mehr du tötest, deine Freunde stets sich mehren?
Bin ich um der Krankheit willen von dir ein Verbann-
ter?
Ist ein treuer Freund doch besser als ein Anverwandter.
Deren Mut veracht' ich, die auf's Spiel ihr Haupt und
Hemde
Setzen und dem Freund zu Liebe sind sich selber
Fremde.
Eine süße Lippe gibt natürlich bitt're Reden,
Wer der Schönheit Waffen führet, braucht sie zum Be-
fehden.
Hast du keinen resoluten Liebenden gesehen,
Der gesenkten Haupts das Schwert sich über's Haupt
läßt gehen?
Saadi, nicht wie ich und du, voll Gierd' und kurz von
Arme,
Sondern aller Welt entsagend ist der wahre Arme.

Die Nachtigall ist trunken,
Und Knospen trägt das Reis,
Die Welt ist jung geworden
Und Freunde sitzen im Kreis.
Der Liebling unsrer Gesellschaft
Hat immer Herzen geraubt,
Doch heut tut ers besonders,
Da er geschmückt sein Haupt.

Wer erst aus Buße die Laute
Im Ramadan zerbrach,
Hat nun Rosen gerochen
Und Buße gebrochen danach.

Zerstampft vom Fußtritt der Lust ist
Der Rosenteppich ganz,
Weil Geistlicher und Laie
Soviel gesprungen im Tanz.

Den Wert der geselligen Stunde
Kennen zwei Freund' allein,
Die lang geschieden waren
Und neu sind im Verein.

Nun geht aus unserm Kloster
Kein Nüchterner hinaus
Dem Vogt zu sagen, daß trunken
Die Sofis sind beim Schmaus.

Wird mir die Welt zu Feinden,
Wenn nur der Freund mich hält,
So frag' ich nicht nach ihnen,
Ob sie sind auf der Welt.

In Mitten unsres Hauses
Da steht ein Rosenbaum,

Vor dessen Wuchs ist niedrig
Die Zypress' im Gartenraum.

Einer sprach zur Zypresse:
Bringst du mir Früchte zu Stand?
Sie gab zur Antwort: Freie
Kommen mit leerer Hand.

Auf dem Weg des Verstandes
Gehen, o Saadi, viel,
Weil sie den Weg nicht wissen
Zu der Torheit Asyl.

*

Soviel ist die Welt nicht wert, um sich darum zu neiden
Oder um ihr Sein und Nichtsein töricht Gram zu lei-
den.
Denen, die da gar nicht sehn nach diesen Erdenschol-
len,
Ist wohl einzuräumen, daß sie sind die einsichtsvollen.
Was ein Weiser sieht, daß es will fallen übern Haufen,
War es auch die ganze Welt, er wird für nichts es kau-
fen.
Dieses ist ein Haus, das brechen muß in Schutt und
Grause,
Glücklich wer sich umgetan nach einem andren Hause.
Hörtest du von einem, dem die Welt blieb treu zum
Ziele?
Vor den Augen steht die Wahrheit, aber blind sind vie-
le.
Daß du nicht dich brüsten mögest und dich stolz ge-
bärden!
Deiner Art hat Gott in seiner Habe viele Herden.
Du jetzt auf dem Schoß der Erde, dir nicht fiel zum Lo-
se
Alle Zeit; manch andre harren schon im Mutterschoße.
Alle Tage trägt ein Schaf weg dieser Wolf voll Luge,
Doch nach ihm begierig blicken immer Schaf unkluge.

Der aus Hochmut seinen Schritt nicht ließ zum Boden gleiten,
Ist nun Staub am Boden, über den die andren Schreiten.
Möchten sie den Wert der Augenblicke nur erkennen,
Um die wen'gen zu benutzen, die vom Grab sie trennen.
Rosen ohne Dornen sind dem Garten nicht gegeben,
Dieser Welt dornlose Rosen sind, die schuldlos leben.
Saadi, guter Name wird die Welt ins Grab nicht legen;
Tot ist jener, dessen Name man nicht nennt mit Segen.
Treib nicht Mutwill, Holder, denn du stehst vor Einsichtsvollen,
Rechts und links Fremd' und Bekannte, die dich sehen wollen.
Keiner ist, der nicht mit einem Blick dich möcht' erspähn,
Und ich auch geh damit um, womit sie all umgehen.
Augen haben jene Leute, die mit Lust einsaugen
Deiner Wangen Licht, die andern haben keine Augen.
Manche haben Sorg' um drüben, manche Sorg' um hüben,
Doch nach dir ist eitel jede Sorge, die wir üben.
Schenk, den Krug vom Keller, gib dem Derwisch, daß er klüger
Werd' im Leben, denn die Toten werden Ton für Krüger.
Wer nicht deinen Blick genossen, was hat der genossen?
Ich bedaure die dahingehn sorglos und verdrossen.
Nun, wohin wirst du dich neigen, Lust zu wem bezeigen?
Ringsum steht ein Haufen mit erwartungsvollem Schweigen.
Die bei deinem Anblick jetzt nicht tanzen vor Entzücken,
Reißen, wenn du weggegangen, einst ihr Kleid in Stücken.
Saadi, wegen Unbill kann man nicht der Lieb entsagen,
Laß vorm Tor uns sitzen, wenn sie aus dem Haus uns

jagen.
Meine Sterne gaben mirs zu, es vor dir zu klagen,
In der Ferne bet' ich für dich, doch wer wird dirs sagen?

*

Die Rosenzweige haben
Den Schmuck nun angelegt,
Und haben die Nachtigallen
Zum Singen aufgeregt.

Bring das Zelt in den Garten,
Wo vom Kämmerer Wind
Ausgebreitet am Boden
Die seidnen Teppiche sind.

Die ungenierten Schenken,
Sie laufen her und hin,
Den Gästen, die sie tränken,
Nehmen sie Herz und Sinn.

Ich schluckte nur eine Neige
Und meine Besinnung zerrann;
Was haben sie für Taumel
Wohl in den Wein getan?

Ich ward von einem Trünke
So außer mich geruckt;
Wie haben nur die andern
So viel Becher geschluckt?

Auf Brennende fiel das Feuer
Und sie verbrannten noch mehr,
Die frostigen Naturen
Blieben kalt wie vorher.

Was ist das Leben? sterben
In des Geliebten Schoß,

Nur gestorbene Herzen
Hat dieser lebende Troß.

Solang' die Welt gestanden,
Ward mißhandelt im Zorn
Der Kämmerer der Rose
Vom Waffenträger Dorn.

Für Erschlagene sehen
Die Leute Verliebte nur an;
Laß dir von Saadi sagen:
Sie haben ihr Heil empfahn.

*

Die Tür der Klause schlossen
Wir hinter dem Freunde zu,
Wir kamen zurück von allen
Und bei uns bist nur du.

Außer dem Bande des Freundes
Brach ich ab jedes Band,
Außer dem Pfand des Geliebten
Werf ich weg jedes Pfand.

Ein solcher Handel ist ferne
Von der Nüchternen Sinn,
Sie schelten mich natürlich,
Daß ich betrunken bin.

Kein Eigen, daß mit Herzweh
Nicht aufzugeben sei;
Ich gab mich einem Hulde
Zu eigen und ward frei.

Ein Diener deiner Gnade,
Wo ich auch immer bin,
Ein Herold deiner Herrschaft,
Wo ich auch komme hin.

Geehrt in aller Augen
Bin ich von deinen verschmäht,
Vor dir bin ich erniedrigt,
Vor aller Welt erhöht.

O du Abgott der Herzen,
Zeige dich schleierlos,
Daß wir dich schaun und werden
Der Selbstvergött'rung los.

Wir gaben acht auf das Auge,
Daß nicht entwischt das Herz,
aber bei aller Schlauheit
Fingest du uns mit Scherz.

Bis du Erlaubnis wirst geben:
Streu' es zu Füßen mir!
Trag' ich das teure Leben
Auf offnen Händen hier.

Das ist Freundschaft, o Saadi,
Daß der Treue Verband
So bis zuletzt aushalte,
Wie er zuerst bestand.

*

All' andres kannst du entbehren,
Nur nicht entbehren den Freund,
Will alle Welt dir es wehren,
Laß dir nicht wehren den Freund.

Zu Dienstbarkeit und zu Knechtschaft
Wenn er dich brauchet allein,
So nimm von ihm es mit Dank an,
Die Huld von ihm ist nicht klein.

Wer statt des Freundes dir gäbe
Die Welt mit jeglichem Schatz,

Gib deinen Willen dazu nicht,
Der Freund hat keinen Ersatz.

Die Welt und alles darinnen,
Dazu der Lust Paradies
Ist solches Gut nicht, um welches
Den Freund ein Bettler ließ.

Nicht, wenn in Huld er dich annimmt,
Mußt du ihm danken allein,
Du mußt auch wenn dein Verderben
Es war' ihm dankbar sein.

Ich selber, der ich das Auge
Dem Blick des Freundes erschloß,
Ich darf vor ihm es nicht schließen,
Und wenn es traf ein Geschoß.

Und wenn vielleicht, wie man denket,
Der Lieb' ein Herz sich erwehrt,
Erwehrts doch nicht sich des Freundes,
Wohin es immer sich kehrt.

Du magst auf jeglicher Weise
Des Feinds Gefangnen befrein,
Doch kann von dir nicht befreiet
Des Feinds Gefangener sein.

Wer käme mir in die Seele,
Von allen, die auf der Welt,
Da ich noch habe vom Freund nicht
Geräumt der Seele Gezelt?

Du hast nicht einen dir gleichen;
Doch hättest du ihn gleich,
So setz' ich selber doch keinen
An deiner Statt dir gleich.

Erwirb die Gnade des Freundes
Und üb', o Saadi, Geduld,
Nicht Freundschaft ist es zu klagen
Ob deines Freund's Unhuld.

*

Ich sprach: vielleicht daß im Schlummer
Das Bild ich schaue des Freundes!
Und sieh, zum Segen des Morgens
Wird mir die Schaue des Freundes.
Nur nach dem Monde des Festes
Blickt alle Welt; mir im Herzen
Das Fest allein ist
die mondgleichgezogene Braue des Freundes.
Nicht ferner will ich mich kehren
Zur hochgewachsnen Zypresse
Vom Ebenmaße des Wuchses
Im schlanken Baue des Freundes.
Drum bin ich außer mir selber,
Weil kein wahrhafter Verliebter
Des eignen Hauses zu denken
Vermag, im Gaue des Freundes..
Schimmer, schweife du fürder
Nicht um die Augen des Saadi,
Im Aug' ist Platz nicht für Schlummer
Zugleich und Schaue des Freundes.

*

Willst du mein Leben? nimm es hin,
Wiewohl ich gefaßt auf Verschmähung bin.
Bei deinem Leben! ein Haar, das fällt
Von deinem Haupte, geb ich nicht um die Welt.
Wiewohl du Liebe für keinen hast,
Hat jeder für dich von Lieb' eine Last.
Was du im Kopf hast, arger Gesell,
Legt manchen Kopf noch auf deine Schwell.
Dich sollte mein Mühn errennen? Nein.

Kein Wind holt deine Zügel ein.
Denken soll ich an dich einmal?
Dich vergessen hab' ich keinmal.
Kurzsichtige dürfen, ich schäme mich dessen,
Dich vergleichen mit Gartenzypressen.
Bei solchen Brauen, o Feensprosse,
Was bedarfst du zur Jagd Geschosse?
Saadis Schmächtigkeit hat die Sitte
Wohl angenommen von deiner Mitte.
Tat' er sich nicht durch Rede kund,
Wer wüßte zu sagen von deinem Mund?
Süßer nichts ist als meine Kunde,
Außer der Seim in deinem Munde.

*

Wer jeden Morgen gehet einem nach,
Der ist in Sorgen alle Nächte wach.
Such nicht in Torheit diesen Jungen auf,
Der solche Toren aufsucht hundertfach.
Vertraulichkeit und Freundschaft übet er,
Wo Gold im Sack und Vorrat ist im Fach.
Er spricht: Wenns einer in der Welt jetzt ist,
Bist du mein Ruhebett und Wohngemach.
Und dann sagt er zu einem andern drauf:
Die Welt ist ohne dich mein Kerker ach!
Wie eine Hummel fliegt er durch die Welt,
Wie eine Flieg' ist er auf Zucker jach.
Er ist leer wie die Schelle, voller Klang,
Ein schlechtes Haus, auf dem ein schönes Dach.
Er schilt auf dich bei mir: ein Tier ist er,
Und schimpft bei dir auf mich: er ist ein Drach'.
Wo immer du solch einen sehen magst,
Denk, es ist keiner, und sieh ihm nicht nach.

*

Was man hört von dir sagen,
Ist Liebenswürdigkeit,

Was man dir sieht in den Augen,
Ist holde Schelmischheit.

Ich habe gesehn die Zypressen
Und sie betrachtet im Hain,
Kein Wuchs ist wert wie deiner
Gepflanzt ins Herz zu sein.

Gleich kommt nicht deinem Wohllaut
Der Nachtigallen Laut;
Wer sagt, daß Zucker so zierlich
Ein Papagei gekaut?

Du nicht hast an mich Armen,
Noch die Rose, die lacht,
Hat je ans Herzbedrängnis
Der Nachtigall gedacht.

Einsam ist nicht, wer sitzet
In Gedanken dir geweiht;
Damit du nicht fragest: wie kannst du
Ertragen die Einsamkeit!

Du hast gesagt: sie alle
Sind Lug und Trug und Begier.
Ich bin das nicht; ich bin, was
Ich sein soll, sag' es mir.

*

Wenn tausend Schweres über mich
Ergeht, es ist mir leicht,
Weil tausendmal viel weiter noch
Die Kraft der Liebe reicht.

Tust du mir Schmach, es ist nicht Schmach,
Es ist mir Schmeichelei;
Gibst du mir Schmerz, es ist nicht Schmerz,
Für mich ists Arzenei.

Dem Fuße wird der Weg nicht lang,
Der nach dem Freunde geht;
Der Liebeswüste Dornenpfad
Ist ihm ein Rosenbeet.

Nicht Wangenflut, ja soll das Blut
Vergossen sein, so sprich
Ich steh' nicht hier zu Widerstand,
Dir zu Befehl steh' ich.

Es wundern die Vernünftigen
Sich über meinen Sinn,
Die eigne Seele will nicht, daß
Ich dein von Herzen bin.

Von deinem Schöße fiel ich weit;
Was Wunder wenn ich dann,
Der Trennung Brandmal auf der Brust,
Nicht Ruhe finden kann.

Mich wundert jene Locke nur
Bewegt wie Ambraflut,
Die dir im Schöße ruhen kann,
Warum sie doch nicht ruht!

Wie mancher, der die Grenzen nicht
Des Geistigen ermißt,
Den Unterschied, der zwischen Tier
Und einem Menschen ist.

Meint, daß im Schönheitsgartenraum
Hier Saadis Blick mit Lust
Nur nach des Kinnes Apfel späht
Und der Granatenbrust.

Darüber schweig ich besser ganz,
Denn einen, der nicht klug,
Entschuldigt bei Verständigen
Sein Unverstand genug.

Ich wasche mich nicht selber weiß
Und brenne mich nicht rein,
Denn alles was man sagen mag
Vom Menschen, kann wohl sein.

*

Dir gleich gewachsen mag die Zeder sein,
Doch Herzen schmücken kann dein Wuchs allein.
Wenn in Gesellschaft selbst die Sonne käme,
Ich zweifl' ob sie's mit dir an Glanz aufnähme.
Und wenn die Zeiten ihren Lauf von vorn anfingen,
Sie würden ein dir gleiches Kind zur Welt nicht brin-
gen.
Wer führt im Heer des Sultans einen Bogen
So schön wie deine Brau gezogen?
Nie sei, doch sollt' im Islam Plündrung sein,
Ganz Shiraz plündre du allein!
Nicht seinetwillen soll man dich erflehen,
Wir wollen nur, dein Wille soll geschehen.
Zwei Welten räum' ich aus der engen Brust,
Auf einmal, daß du habest Raum nach Lust.
Heut laß mich bar erheben mein Schulden,
Was soll ich auf dein Morgen mich gedulden.
Süß ist Begierde, die im Haupte gährt,
Doch die Begierde nur die dich begehrt.
Weil Saadi seinen Kopf verlieren muß,
So ist es doch am besten dir zu Fuß.

*

Aus der Welt der Gotteseinung kommt ein solcher sel-
ten,
Der mit einem Atem sich erhebt ob beiden Welten.
Schmählich auf dem Weg der Liebe kehrt zur Flucht
den Rücken,
Wer von jedem Zuckerrohr sich locken ließ wie Mü-
cken.
Paradiesbewohner sind vorm Schicksal unerschrocken,

Stören läßt sich nur ein Kind durch Karawanenglocken.
Bist du hinten, strebe vor! auf Gottes Pfad erstrebet
Ein Verspäteter den Vorsprung, wenn er sich erhebet.
Kannst du wie ein Fels der Flut des Gießbachs wider-
stehen,
Wenn vom Weg wie Distelflocken dich die Wind' auf-
wehen?
Saadim an den Saum der Gottesleitung festzuhalten
Ist nicht etwas, dessen mag ein schwacher Lüstling
walten.

*

Die Bettler von des Sultans Hofgesind,
Des liebsten Staatsgefangene wir sind.
Kein eigner Name kommt den Sklaven zu.
Wie dir beliebt Beinamen gib uns du.
Wenn der Geliebte zückt das Schwert, empfangen
Wir's auf die Stirn und wenden nicht die Wangen.
Verliebte streuen für die Liebe Schmaus
Ihr Gold, wir streuen unser Leben aus.
Daß ein Verständiger doch nicht beständig
Uns schmähen möchte! Wir sind unverständig.
Für jede Rose, die mit neuem Schimmer
Die Welt betritt, sind wir die Tausendstimmer.
Die engen Augen der Begierde spähen
Nach Frucht, wir wollen nur den Garten sehen.
Du bist vom Glänze des Gebildes trunken.
Wir in die Kunst des Bildners stumm versunken.
Was wir geredet außer Liebesklang,
Bereuen müssen wir es lebenslang.
Ob er uns annimmt oder treibt uns fort,
Wir kennen keinen Weg zu anderm Ort.
Aufgeben kann man nicht das süße Leben,
Wir können nicht den süßen Freund aufgeben.
O Saadi, ohne seines Angesichts
Verklärung achten wir die Welt für nichts.

*

Nicht anders zu erbeuten hoff ich des Herzens Ruh,
Als daß ich dich seh' von weitem und dann umkehr' im
Nu.
Nie fällt mir ein zu haschen ein Körnlein dort nach
Wunsch,
Wo über mich die Netze der Locken schlagen zu!
Ich steh in Dienstbereitschaft, und wenn du mich mit
Huld
Berufest, naht der Diener mit ausgezognem Schuh.
Du magst mir tausend Leides wie tausend Liebes tun,
Das Herz läßt sich's nicht nehmen zu bleiben, da wo
du;
Davon werd' ich nicht weichen, daß wo den Kuß vom
Mund.
Zu nehmen nicht erlaubt ist, ich es verboten tu.

*

O frohe Stunde, wo du gleich der Rose zu dem Hain
Wirst kommen, oder Freunden gleich zu meiner Tür
herein.
Meiner Freunde Rosenbeet wird an jenem Tag erblühn,
Wo du der Zypresse gleich wandelst in des Gartens
Grün.
Meine Kerz, ist noch der Tag nicht, meine Nächte zu
verklären?
Meine Seel', ist noch die Zeit nicht zum Leib zurückzu-
kehren?
Ich weiß nicht, wie der Flasche stockt das Wasser mir
im Schlünde,
Bis wie der Becher eines Tages du kommst zu meinem
Munde.
Selber hab ich soviel Glück nicht um dir beizukommen
Und du selbst hast soviel Huld nicht, mir herbeizu-
kommen.
Saadi ist kein Dämon, den man scheucht mit Zauber-
hort,

Willst du nicht auf Menschenweise nahn mit gutem
Wort?

Über tredition

Eigenes Buch veröffentlichen

tredition wurde 2006 in Hamburg gegründet und hat seither mehrere tausend Buchtitel veröffentlicht. Autoren veröffentlichen in wenigen leichten Schritten gedruckte Bücher, e-Books und audio-Books. tredition hat das Ziel, die beste und fairste Veröffentlichungsmöglichkeit für Autoren zu bieten.

tredition wurde mit der Erkenntnis gegründet, dass nur etwa jedes 200. bei Verlagen eingereichte Manuskript veröffentlicht wird. Dabei hat jedes Buch seinen Markt, also seine Leser. tredition sorgt dafür, dass für jedes Buch die Leserschaft auch erreicht wird.

Im einzigartigen Literatur-Netzwerk von tredition bieten zahlreiche Literatur-Partner (das sind Lektoren, Übersetzer, Hörbuchsprecher und Illustratoren) ihre Dienstleistung an, um Manuskripte zu verbessern oder die Vielfalt zu erhöhen. Autoren vereinbaren direkt mit den Literatur-Partnern die Konditionen ihrer Zusammenarbeit und partizipieren gemeinsam am Erfolg des Buches.

Das gesamte Verlagsprogramm von tredition ist bei allen stationären Buchhandlungen und Online-Buchhändlern wie z. B. Amazon erhältlich. e-Books stehen bei den führenden Online-Portalen (z. B. iBookstore von Apple oder Kindle von Amazon) zum Verkauf.

Einfach leicht ein Buch veröffentlichen: **www.tredition.de**

Eigene Buchreihe oder eigenen Verlag gründen

Seit 2009 bietet tredition sein Verlagskonzept auch als sogenanntes "White-Label" an. Das bedeutet, dass andere Unternehmen, Institutionen und Personen risikofrei und unkompliziert selbst zum Herausgeber von Büchern und Buchreihen unter eigener Marke werden können. tredition übernimmt dabei das komplette Herstellungs- und Distributionsrisiko.

Zahlreiche Zeitschriften-, Zeitungs- und Buchverlage, Universitäten, Forschungseinrichtungen u.v.m. nutzen diese Dienstleistung von tredition, um unter eigener Marke ohne Risiko Bücher zu verlegen.

Alle Informationen im Internet: **www.tredition.de/fuer-verlage**

tredition wurde mit mehreren Innovationspreisen ausgezeichnet, u. a. mit dem Webfuture Award und dem Innovationspreis der Buch Digitale.

tredition ist Mitglied im Börsenverein des Deutschen Buchhandels.

Dieses Werk elektronisch lesen

Dieses Werk ist Teil der Gutenberg-DE Edition DVD. Diese enthält das komplette Archiv des Projekt Gutenberg-DE. Die DVD ist im Internet erhältlich auf **http://gutenbergshop.abc.de**